古川 庄次

房総の古代《ぼうそうのこだい》・
上海上氏族《かみつうなかかみしぞく》

国書刊行会

房総の古代・上海上氏族　目次

第一章　はじめに――上海上氏族とは

第二章　奥津城と周辺古墳

第三章　養老川左岸の古墳

第一章　はじめに——上海上《かみつうなかみ》氏族とは

上つ海の上に横たわる国

房総半島のほぼ中央を西に割流する養老川流域を、上海上国と称した時代がありました。古墳時代と呼ばれる時代の三世紀から四、五世紀、弥生時代から新しい時代に入った東国の黎明期と、それに続くあとの伊甚《いじみ》、菊麻《きくま》、千葉、武射《むしゃ》、印波《いんば》、下海上《しもつうなかみ》と言われた国々を含む広大な地域を一時その影響下においた時代があったと言われております。南は小櫃川流域の氏族の異なる馬来田《まくた》国に接し、北は村田川流域に拠る同族とみられる菊麻国と接します。

上海上国のうち養老川左岸下流域の沖積地は一辺約七キロ、台地と養老川と海岸線に囲まれた大三角地を形成しております。台地縁部は南西から中世の古称で椎津《しいづ》郷、姉崎社、海保《かいほ》郷、今富《いまどみ》郷と横に併存し、そのほぼ中央の姉崎神社付近の古墳は上海上国の奥津城《おくつき》に比定されております。

もともとこの地域は『古事記』『日本書紀』（以下『記紀』）に記す倭建命《ヤマトタケル》の東征にからむ弟橘媛

の走水海への入水伝承の濃い地域ですが、すべてが王族の東征とみるよりは、王族をとりまく複数の有力勢力の度重なる進出があり、そのうちの一族が、この養老川左岸下流域を拠点として進出、以後数世紀にわたって勢力の展開・拡大に至ったものと思われます。即ち本稿で上海上氏族と通称される、五世紀に記される「忍兼命」、六世紀の「檜前舎人直」から「上総宿禰」賜姓と、八世紀に入るまで一貫して系譜を同じくする氏族です。

この地域に拠った氏族は七世紀後半に至るまで類似の古墳十数基を築造し、数少ない発掘調査でも重文指定になる遺品や華麗豪華な優品の出土があり、また八世紀までに国造氏族と系譜を一にする人物の活動が、種々の文献あるいは出土墨書土器によって確認されております。

この奥津城周辺の地域、つまり現在の千葉県市原市姉崎・椎津地区および海保・今富地区には前方後円墳を含む大小の古墳が分布しますが、本稿では主として姉崎・椎津地区の各古墳の位置とその現状を詳述し、あわせて奥津城と目されている古墳を含む主要古墳の築造期、およびその古墳被葬者の氏族を、広く古代史のなかから探究してみたいと思います。もちろんそれには姉崎・椎津地区以外にも養老川右岸の古墳について全く触れないというわけにはゆきませんので、少なくとも比較概観的にもいちおう俯瞰しなければならないと思っております。

その前に、ここで列島内における古墳の歴史的発生の経緯を、つまり弥生時代からいわゆる古墳時代と称される時代への経緯を、後の詳述の前にごく簡単に述べておくことにいたします。上海上氏族をみるうえで、いちおう視野に入れておく必要があります。

弥生から古墳時代へ

縄文と弥生を画するのは水耕稲作文化です。その時代は、従来の説では前四、五世紀とされていた本格的な水田跡や農具などの製造が、既説から五百年以上遡る前十世紀後半からであると言われるようになりました。樹木の年齢年代法や炭素14年代測定法、あるいは稲のプラントオパールなどの分析による年代研究の結果です。また現在では縄文人と弥生人の共生を説きます。

そこで本稿では諸説を参考に入れながらも、水耕稲作の開始を縄文晩期の前十世紀後半の時期とし、本格的な稲作農耕の拡散と恒久的な定住化の約六百年を初前期とし、中期を列島内一律の前四世紀、後期は西紀前後からはじまり後期後葉は二世紀、後期終末期をここでは二世紀後末期から三世紀はじめとして説明をすすめます。

最古の稲作は前五千年頃中国華南の河姆渡《かぼと》文化、長江流域の仰詔文化からと言われ、これが西北九州にもたらされたのは中国の殷《いん》王朝が内紛とともに分裂し、西方の小国周《しゅう》の武王によって倒され、新たな秩序を回復しようとする混乱の時代に、華南江河流域から海を渡って南朝鮮経由、あるいは直接に北部九州の地に入ってきた可能性が高いと説かれております。

弥生時代が進むに従って、人々の定住化が普遍的になるに伴い弥生前期中頃には近畿でも稲作がはじまり、前期末には奈良のほぼ中央部に唐古・鍵の集落ができてきます。房総半島では小櫃川流域や印旛沼周辺に弥生早前期の遺跡が発見されております。

定住化が進むにつれ、それとともにある特定の人の、とくに定住地の中核的な家長などの埋葬様式と、それに伴なう祭葬儀礼が次第に発達してきます。

弥生時代のはじめの埋葬儀式については、日本列島各地で相違があります。ごく簡単に述べておきますと、九州では箱式の石棺や甕棺を一ヶ所に集めて埋葬する、いわゆる土壙墓と呼ばれるものでしたが、近畿地方ではおおかた方形墳でした。関東では居住地の近くに集合した墓地、あるいは墓域を形成する、再葬墓と呼ばれている一種の共同墓地です。

中期の前三世紀の終わり近くなりますと、近畿地方では方形の墓域を溝で区割りしたものが現れます。方形周溝墓と言われているもので、やがてこれが前一世紀頃に伊勢駿河の東海地方や北陸地方に広がり、こうした墳墓の上に若干の盛土を施したものも出てきます。同じ時期、山陰ではこれと相似の形をした方形の壇状を呈した台状墓とよばれている墳墓が造られます。

それほど違わない中期の終わり頃には、それまで再葬墓がほとんど大勢を占めていた関東にも、方形周溝墓が造られるようになります。本稿の論考地である上海上の養老川下流域にも同様の墳墓が現れますし、姉崎・椎津地区にも、発掘によってこれが確認されております。また四国や中部中央部地域にも同一の形状を示す墳墓が造られるようになります。

こうした方形周溝墓は、本来は家長を中心とした部族の墳墓の集まりでしたが、盛土が高くなる後期の終わり頃からは、集落内の有力な家長とその近親者だけに制約されるようになります。この現象は、弥生時代が進むに従って集落内である程度の階層化が生じた結果であろうと思われますが、列島内の広い地域で同一形状の墳墓が造られるということは、偶然の一致というわけにはゆきません。同一の埋葬様式と祭葬儀礼をもった集合体の、単なる影響というより列島各地への交流拡散、いわば人の交流をも考える方が妥当でしょう。

後期後半に差しかかる頃になりますと、墳墓の周溝の一部が途切れて、そこに陸橋部がつくられるようになり、後期の終わり頃に向かって墳墓の盛土は次第に高くなり、墳丘状を呈するようになります。土壙墓であった九州でも同じ形状を示しはじめます。

このように地方によって形状に多少の相違があるものの、ほぼ方形の墳墓が拡散するのですが、埋葬品にも地方差があって、九州では土器のほかに鏡、玉類、矛や剣などの青銅利器が共通しておりましたが、他の地方では、土器のほかは石製品が主なものでした。

後期も終わり頃の吉備には円筒の土器の上に壺を置いたような、特殊器台と呼ばれる祭葬用の供献土器も現れます。この頃になると墳丘部の一方に造られていた陸橋部も次第に発達しはじめ、陸橋部は矩形や撥形を呈するようになります。そしてこの時期、瀬戸内沿岸の中国・四国地方では方形のほかに円丘の墳墓もあらわれました。とくに吉備や山陰・播磨では大型化に加えて墓の表面に葺石を敷いたものや、円丘の両側に方形を二つつないだ双方中円形と呼ぶ墳形、あるいは方形台状墓形の一方に陸橋部をもったものなどがあらわれます。四国予讃地方も同じ傾向でした。

日本海側の山陰・北陸では、方形の四隅が切れて発達した四隅突出形の墳墓が出てきます。表面に葺石を敷いたものがあって、この葺石様式は山陰地方から山陽・播磨へ伝わったとされます。さきに述べた特殊器台・同壺と呼んでいる祭葬土器も吉備から播磨・山陰に拡散してゆきます。

こうした変化と推移の過程と同様に、円丘に矩形や撥形の前方部をもった墳形が近畿地方にもあらわれます。いまの奈良県天理市南部から南へ続く桜井市北部にかけた奈良東南部の、のちに大和国と称された地域で、しかし当時の大和はもう少し狭い範囲の、初瀬川・寺川流域を指していたものと思われますが、時期は、この墳形としてはこの地方でもっとも古い三世紀の前葉です。なかでもJR桜井線巻向駅西方の、未発達の前方部を有する纏向石塚と称される墳墓は弥生終末期から三世紀前葉に属しているとみられております。踵を接して石塚を囲むように、二、三同形同規模の古墳がこの地に造られます。全長百メートル未満のこの墳墓をたんに墳丘墓と称するひとが多いなかで、本稿ではしかし弥生墳丘墓あとの古墳時代との移行期にあたる最早期にあるものとして、また、のちの古墳の祖形とみることで、いちおう「出現期古墳」と呼んで以下論及をすすめてゆくことにいたします。

纏向石塚とほぼ同時期かやや遅れて、遅くとも三世紀前葉末にかかる頃、のちに畿内と称されるこの地域から遠く離れた関東南部の房総の地・上海上でも、養老川右岸下流の台地縁部に全く同形の神門五号墳が築かれ、纏向石塚の九一メートルには及びませんが、それでも全長三八メートル余、墳形の高さは四メートルもある出現期古墳が造られます。同じこの時期に同形の古墳が北九州、吉備、四国などの数ヶ所に出現します。その後神門の地には三世紀後葉にかけて四号墳、三号墳と同形の墳墓が続きます。

そして石塚などの出現期古墳に遅れること約半世紀弱、石塚の至近距離に、前方部が撥形に発達した全長二八〇メートルという巨大な前方後円墳・箸墓古墳が築かれ、続いて北九州、山陽、四国、近畿、中部などの列島各地に箸墓と相似の古墳が、少ないながらいくつか出現します。多くの論文が箸墓古墳の出現をもって古墳時代の画期としていますが、本稿では三世紀中葉に近い前葉を古墳時代の幕開けとみて以下記述します。

墳墓への副葬品も鏡、玉、剣など、以前から九州地方で用いられていた品種と共通するものが吉備や近畿にもあらわれ、供献土器類も各地共通性をあらわします。吉備の特殊器台もまた山陽・播磨からの葺石とともに奈良大和のこうした出現期古墳から出土しております。墳形は後円墳以外に後方墳もあって、山陰や北陸には引き続いて四隅突出墳が築かれておりますが、鏡、玉、刀剣といった共通の副葬品のほか、ひろく祭葬土器の共通性も認められるようになります。とくに吉備で用いられていた特殊器台は前述の大和纏向地域に搬入される以外に、時期的に少し後出ですが遠く東北会津にまで伝えられていたことが古墳出土から確認されております。またこれと僅かに遅れ、有名な三角縁神獣鏡の共有がはじまるなど、列島内における墓制の共通化がこの三世紀のなかの一時期、比較的短期間のうちになされたことがわかります。

祭葬儀礼の共通化

埋葬形式のこうした推移は、人々の呪霊信仰の変遷を欠いては説明できません。山川草木のそれぞれに霊が宿り、穀物には穀霊が、大地には地霊が宿るという縄文以来の自然信仰に加え、弥生時代には先祖の霊は自分たちの住む集落に回帰してくると信じられていました。そしてその祖霊は様々な霊力をもって自分たちの集落に幸せや災害をもたらすと、実際に観念されていたのであります。

祖霊への信仰は祭祀というかたちをとります。弥生時代も進むに従って水稲耕地は拡大し、集落は成長し、富が蓄積されるようになりますと有力な家長ができ、やがてこのうちのひとりが集落の首長となると首長自らが祭祀主となって祖霊を鎮め、豊穣を祈るようになります。集落の群集墳であった方形周溝墓はやがて前述したようにそうした首長とその一族だけのものとなり、ついには首長とその近親者に限定されるようになり、次第に埋葬儀礼も発達し盛大となります。盛土は顕著となって、単なる祭葬儀礼に首長霊の継承儀礼も重なるようになり、周溝部には陸橋のような通路が、あるいは単なる通路であったかもしれない突出部（前方部）は首長たちの重要な祭葬の場となります。

海を隔てた中国大陸では前五世紀ごろから方墳や円墳がありますが、朝鮮半島ではそれから三世紀ほど遅れてあらわれ、前後して日本列島にも周溝墓などの方形の、やがて九州や吉備では円形の墳墓が出てきます。それからまた時代を経て、集落内の首長権がかたち付けられるに従って前方部は発達していったと思われますが、箸墓古墳にみられるような前方後円墳の発生は、単なる埋葬儀礼の発達だけでは説明できません。それまでの方形の墳墓を築く集団とは異なった埋葬形式をもつ別の集団の、祭葬即首長権継承儀礼の場であったと考えられますし、副葬品や供献土器などの共有にみられるような出現の状況から、その集団は吉備・大和などの列島西部につらなる同一の儀礼をもった集団であったとみられます。

被葬者とそれを継承する首長のための施設物としての墳墓は、いうならばその氏族集団の、集落を形成する部族の、首長という権力者の施設物でもあります。方形周溝墓から墳丘墓、墳丘墓から撥形、方墳から円墳、そして前方後円（方）墳への移行はその氏族・部族集団の共有する信仰形態の変質であると同時に、また支配者の信仰を統一した形態でもあります。祭葬儀礼は、ついには即ち首長権継承儀礼にほかなりません。列島内に方形周溝墓が拡散したと同様に、前方後円（方）墳発現のこの場合も、当然こうした社会的変革を意味しております。

こうした時期、弥生時代終末期後半の人と物の移動移住の混乱期は次の時代の過渡期、纏向石塚や神門古墳出現の時期はまさしく古墳時代への移行期であり、続く箸墓を古墳時代のはじまりとするならば、ではその移行期の暦年代はいつかと言えば、ここではいま三世紀前葉から中葉におさえておきたいと思います。正にその同じ時代の倭国、日本列島の状況を記した中国の正史『三国志・

魏志』、いわゆる『魏志倭人伝』の倭国の世界はわれわれに弥生時代を連想させる一方で、また別に新たな時代を予感させるものがあります。『魏志』三十の二十七に記します。

其の風俗淫ならず。男子皆露紒し木緜を以て頭に招け、其の衣は横幅、但だ結束して相連ね縫わず。婦人は被髪屈紒し衣を作るに単衣の如く其の中央を穿ち頭を貫き之を衣る。禾頭紵麻を種え蚕桑緝績し細紵縑緜を出だす。

また、この一つおいた次の行には、

倭の地は温暖、冬夏生菜を食す。皆徒跣。屋室有り、父母兄弟臥息の処を異にす。朱丹を以て其身体に塗る、中国の粉を用うるが如き也。食飲に籩豆を用い手食す。

そのあとに続いて、埋葬儀式らしきことについても若干の記載があります。

其の死には棺あるも槨無く土を封じ塚を作る。始め死するや停喪十余日、時に当りて肉を食わず。喪主哭泣し他人就いて歌舞飲酒し、己に葬れば挙家水中に詣りて澡浴以て練沐の如し。

また『魏志』巻末から六行、七行目に邪馬台国の女王卑弥呼が死ぬと径百余歩もある大きな塚を作り、奴婢百余人を殉葬したとあります。卑弥呼死亡の時期は記述の経緯から二四八年頃とみられますので、ちょうど纏向石塚出現期か箸墓古墳が築かれた時期とあまり違わない時代です。しかし残念ながらその埋葬地や墳形は記載されておりません。

『魏志』は卑弥呼のあと王位継承で一時倭国内が紛糾し、卑弥呼の宗女・壹與（壹與または臺與、但し本稿では壹與）が女王に就いておさまると記します。時期が三世紀後半にかかるところかと考えられますので、箸墓古墳の被葬者を『魏志』の記載をとって卑弥呼または壹與に擬定する論もあります。このことについてはまた後述します。

古墳時代移行期の出現期古墳は纏向石塚と形状が相通ずることから纏向型と呼ばれておりますが、わずかに延びた前方部の形を含めるとちょうど供献時の壺形に似ていて、また女体にもなぞらえて墳墓を母胎とみて、生命回帰あるいは再生の観念を説くひともおられます。古墳築造の基調には、祖霊信仰と習合した太陽（日神）信仰が大きかったということは、またいくつかの論文で指摘されているところです。

古墳の時代区分

古墳時代と呼ばれる時期から墳形は〝突如〟として一変すると言われております。しかしすでに前項でみたように弥生時代終末期からその萌芽的形態が出現し、その後数年の間に祖形が発達し、東西に長い列島の、地域の如何に関係なく、以前の墳丘墓と区別されるかたちで、しかもある程度定型化という特色をもって古墳は出現します。前方後円墳あるいは前方後方墳と呼ばれる画一的な墳形形態でありまして、以下この古墳時代を説明する場合、全期間を前期、中期、後期の三期に分ける方法と、前後七期に区切る方法がありますが、どちらかというと三期区分が多く用いられるなかで、本稿では後者をとって古墳前一期は三世紀前葉から四世紀前葉、前二期は四世紀中・後葉、前三期は五世紀前・中葉、前四期は五世紀後葉とし、後一期は六世紀前半葉、後二期は六世紀後半葉、後三期は七世紀前・中葉とし、別に三世紀前葉を出現期として区別します。

こうした区分は多くの先学によって達成された貴重な成果を参考とする前方後円（方）墳の形式のなかでの形態的変化、埋葬方式、土器や副葬品の種類や形状などで区分される時期的類似性によります。

大雑把な相違を見てみますと、成立時の前方後円（方）墳は箱形・割竹形木棺や石棺を竪穴式石室（石室のないものもある）に埋葬するもので、副葬品は鏡、玉、鉄製武具、石製品、装飾品、埴輪などでありました。副葬品の主体はその後鏡に代わって剣、刀、武具類と変化する傾向を示し、土器も土師器から須恵器に代わり、埋葬も割竹形木棺や長持形石棺・家形石棺になり、六世紀の後二期になりますとほぼ全面的に竪穴式から横穴式にかわります。その他墳形の特徴や土器の細部で種々の特徴をもった変化が古墳築造時期の区分比定に用いられております。

なお主な副葬品がとくに鏡から剣、刀、武具類と変化するのは、被葬者の性格が呪霊的崇拝から武闘的権威崇拝にうつりかわった象徴であると言われております。四世紀後半以後、さらに五世紀後半にこの傾向は強まります。

前方後円墳とほぼ同時期に出現する前方後方墳は、全体に規模の大きいものがなく、そうしたことから後方墳は後円墳の前駆的形態とも、首長（後円墳）とその部族構成の成員（後方墳）との格差によるとも、また一方で氏族的継承形態の相違とも言われます。

ほとんど同時的画一的に前方後円（方）墳が出現した理由については、倭国大乱後邪馬台国・卑弥呼の女王擁立によってようやく同族的な部族連合が成立し、列島西部における信仰形態が吉備や播磨の祭葬器具と築造様式を用いて大和纏向に古墳を出現させたということであり、これが全国的に拡散するのは、これらの部族の擬制的同族意識が祭葬祭祀の信仰を共有するためということでありました。大和纏向の地に極めて早期に石塚や箸墓がつくられたということは、集合体の核が大和に本拠をおいた証です。同族関係を通じてその支配体制のもとで埋葬儀礼の統合がなされ、支配と従属の階層的な位置づけが古墳に規格化されているともいわれます。たしかに信仰形態の統一には違いありません。しかしひと口に「大和王朝の支配体制」といっても、はたして三世紀中葉か後葉の時期の倭国全体を「王朝支配」と呼ぶのには躊躇します。

纏向型古墳の出現を、大和といち早く交流した在地氏族とみる説があります。関東は千葉県、東北は福島県の点的存在に過ぎない一氏族だけが、どうしていち早く大和と交流する方法が、また従属する機会が、あるいは理由があるのでしょうか。上海上の神門五号墳の築造時期は纏向石塚とさして違いがありません。特殊器台の出土した福島県宮東遺跡の古墳も、築造期は同じく数十年の差と思われます。ほとんど同時的に出現するということは、大和王朝の支配下に服従したからでもなく、それまでの方形周溝墓の氏族が大和と「交流」したからではなく、纏向に拠った勢力と同一の祭葬儀礼を保有する氏族であったからといえるでしょう。列島西部を本貫とする氏族のなかの一部の、こうした地域への移住であるからこそ、石塚と同時的に同一の墳型をつくれたのであり、特殊な祭葬祭器を用いたのです。古墳規模の差は支配と従属の相違ではなく、氏族勢力の優劣の差です。移住は、さきにも述べたように二世紀末はじめから三世紀前葉、遅くとも三世紀中葉ではなかったかと思われます。

従属の、あるいは服従の証としての前方後円墳にしては、その後も各地で引き続いて方形周溝墓は築かれておりますし、四隅突出型も双方中円型もまた後方墳も、列島各地と言わず、中心勢力の拠った纏向の地ですらも築かれております。

王朝支配の象徴的な出来事として、三角縁神獣鏡が京都椿井大塚山古墳被葬者氏族から従属のしるしに各地の首長へ配布されたという説がありますが、同種鏡の大量出土した天理市黒塚古墳や桜井市茶臼山古墳被葬者も鏡の配布者であったのかなかったのか。これらの被葬者は配布の権威者か王者なのか、単なる委任者なのか。配布か下賜すべき大量の鏡をかかえながら、古墳出現期初期の段階で、何故大量に埋葬してしまったのか。椿井大塚山古墳築造以前の九州、山陰、四国の古墳からも同種の鏡が出土しておりますし、同種鏡出土の中部、関東の古墳のなかにも、あるいは椿井大塚山古墳より古型に属する鏡の出土もあるとみられております。支配と従属といった強権は後代の四世紀、さらに五世紀以後でありましょう。祭政一致というよりまだ祭・政未分化、もっと極言すれば当時おこなわれていたのはすべて統一儀礼の連合体にすぎないのではないでしょうか。

考えてみますと、方形周溝墓も近畿に早くに出現する傾向があります。前方後円墳も方形周溝墓と同様に近畿から列島各地に拡散したとしたならば、列島西部の有力な氏族集団の中心勢力がいずれのときものちの近畿に拠ったということは、日本の歴史にとって画期なのです。前方後円（方）墳をつくるのは、水稲農耕の最大の適地であったからでもありません。たしかに列島内の大型もしくは顕著な古墳を実見すると、古墳周辺には広大な水稲耕地が見渡せて、有力な部族の発展が納得されます。しかし河川水路があったとはいえ、近畿中央、大和盆地に拠った重要な要素は、おそらく列島をとりまく極東情勢にあったと思います。それは大陸から見れば「遠隔にして得て詳らかにすべからず」（『魏志』倭人伝）の地であったからで、倭国はこの時代、朝鮮半島をからめた中国大陸の騒乱に対する危機感と、東西列島連合体の結成が、その核を列島ほぼ中央へ拠った要因でありました。

半島は当時も倭国にとって一衣帯水でありました。倭国大乱期も中国との接触がなかったとは思われません。その中国後漢の滅亡、三世紀初頭蜀魏の攻防は呉をまき込んだ帯方・楽浪の戦いとなり、その後二四八年、倭国は卑弥呼死亡後の混乱のあと、ようやく壹與が立って遣使張政帰国の翌年、魏国内で再び覇権争いが生じ、二六五年魏国の消滅、かわって晉が立ち、数年にして晉は呉も滅ぼします。つまり中国大陸と朝鮮半島でのこうした状況が、日本列島に画期をもたらしたということであります。三世紀前後の公孫氏勢威の時代から古墳時代の幕開けもそうであったと思います。半島を含めた大陸からの文物の入手はいつの時代でも倭国にとっては最重要であったからこそ、中国権威の興亡は直接の脅威と危機感をいだかせたのです。

東国、この場合とくに上海上地域において前方後円墳が出現するのは前二期のうちの四世紀後半からで、それまでは方墳や後方墳が続きます。大和磯城では纏向石塚のあと箸墓などの前方後円墳時代となりますが、ここ上海上では後円墳の進展がありません。養老川右岸下流域の国分寺台周縁部に位置する神門出現期古墳群ではこうした前駆的な古墳がありながら、これを前承する前方後円墳がないということは、上海上国を、また姉崎・椎津地区を考えるうえで極めて重要であります。とくに養老川左岸下流域には現在までのところ神門、小田部などに類似する古墳は発見されておらず、四世紀後半までのほぼ一世紀、僅かながら後方墳、方墳の散在が認められるのみで、前方後円墳築造の空白期間があります。これが単なる空白ではなくて、国分寺台の出現期古墳群から直接姉崎・椎津地区への進出であるのか、あるいはある時期をおいて別の氏族による姉崎・椎津への進出であるのか、上海上氏族を検証するうえでは避けられない問題ですので、いくつかの推論について後に触れることにいたします。

後代、前方後円（方）墳の消滅は直接には大化の薄葬令あるいは仏教布教、またこれと同時にもたらされた火葬によるものと言われておりますが、やはりその当時の大和政権の権力機構整備と強化によって、擬制的同族関係の意味がなくなり、かわって制度的な身分秩序が確立した結果であるとする説が正鵠を得ておりましょう。

第二章　奥津城と周辺古墳

周辺の地勢と古墳分布

古墳の歴史的変遷のなかで、上海上国の奥津城およびその周辺古墳がどのような位置にあるのか、その分布の特徴を、地勢とあわせて辿ってゆくことといたします。

前項で述べた養老川左岸下流域の地形をもう一度見てみますと、西の辺をなす南北約八・四キロの走水海（東京湾）と台地間には長大な三角状の沖積地をかかえ、台地端は東西ほぼ七・四キロ、西端は直接椎津支稜台地と接し、東端は市原市分目支稜台地によって養老川と接します。その対岸、ほとんど指呼の間には、前出の国分寺台地が続きます。

沖積地には北から前川、今津川、椎津川の三本の小河川があり、旧姉崎町はこの今津川を北限とし、南は椎津川によって大きく姉崎台地と椎津台地に分けられております。このうち姉崎台地は、細流ながら二本の椎津川支流を形成する谷津田によって、北から南へ主姉崎台地、迎田台地、不入升台地に割裂されております。

いっぽう椎津台地は、君津郡境をなす背稜台地から主とする椎津支稜台地と永藤支稜台地が、それぞれ菊葉状を呈して派出します。

これらの地域の台地上には縄文・弥生時代の遺跡が広範囲に散在しますが、貝塚については狭小なもの以外に椎津の郡境背稜上、主姉崎台地上に各一ヶ所と椎津、不入升各台地上に各二ヶ所を数えます。もちろんこれらの遺跡からは土器類のほか住居跡、周溝墓も若干確認されてはおりますが、古墳を論考する上の参考とするのみで、本稿ではとくにその詳細には触れないことといたしました。

養老川流域の古墳の位置・基数については、すでに昭和六十年市原市教育委員会刊行の『上総・山王山古墳』、昭和六十二年千葉県教育委員会刊行の「千葉県埋蔵文化財分布地図」および昭和六十三年市原市教育委員会発行の「市原市埋蔵文化財分布地図」などによって詳細が明らかにされておりますが、これらに示された古墳のうち、旧姉崎町所在のものに限って実見してみますと、名称・基数・所在位置など各図それぞれ若干の相違がみられますので、多少の各図習合の訂正と、また二、三の欠落の現認追加と、さらにすでに消滅している古墳についても、往時の筆者の確認と、古老の指摘による検討を加えてその位置を追加してみますと、巻末の別表「千葉県市原市旧姉崎町地域の古墳一覧表」および別図「千葉県市原市旧姉崎町地域の古墳所在地」に示すとおりとなりました。

なお、別図は明治十五年測量の参謀本部測量局作成地図（以下十五年地図と称す）に古墳位置を記入したもので、また別表に記す古墳の名称は、前記各教育委員会発行の名称と照合して、重複と同名異種を避けるため、つとめてこれに従いました。

消滅古墳について言及し、また現行地図を用いなかったのは、近時の開発にともなう地形の変化が大で、古墳の位置的意味をさぐるためには不適当であると判断したからで、消滅古墳についても、前記分布地図に記載されているものとされていないものとがあって、従って上海上の養老川左岸下流域の古墳を論考するうえで、それまでの論文を含め、必ずしも十全であるとは思えなかったからであります。

その意味もあって、ここで再びこの地図の古代の地質地形を少しく考察してみます。養老川左岸下流域といっても、巻末別図に示すとおり古墳の分布が流域から離れて南方向に、つまり旧姉崎町側に偏重していて、とくに沖積地所在の古墳は左岸寄りに広く空白の地帯があって、沖積地開拓の経年を考慮してもなお不自然で、これには養老川の流域に原因する地形の変化が影響しているのではないかと思われるからです。

縄文時代のもっとも海面が上昇していた時期の海岸線は、台地縁部とみるのが妥当です。従って当時の古養老川河口は、現今富北東の小折付近を中心とするものと思われます。以後海退期にむかって海岸線は後退しはじめ、それにともなって下流の流域沿いの西野、糸久、大坪、相川、海士有木などの比較的低地があらわれ、弥生時代を終わるころにはほぼ現在と同じ海岸線を形成していたと考えられます。ただしこの間に、少なくとも二度程度の海退期滞留時期があったとみられます。はじめの時期の滞留期海岸線は姉崎・永津・中谷・町田を結ぶ現県道十三号線、つぎはほぼ現在のJR内房線に沿った海岸線であったとみられます。この二本の海岸線の砂堤は、その間に形成される砂堆より若干標高が高くなっております。

沖積地は養老川が上流から送流する土砂と、その土砂が原因する川底の上床にともなって発生する溢水から流路の変移をきたして流域に砂堆が生じ、さらにこれに海の潮流と波浪による土砂の打ち上げによって海岸線に砂堤が形成されます。

養老川の流路の変移をともないながらの海退で沖積地には砂堆が、また河口は潮流波による相乗作用で海岸線に砂堤ができ、縄文時代を終わるころにはほぼ現在の海岸線をかたちづくっていたとみられます。第一次の海退滞留期による帯状の砂堤上には現在の西野、小折、町田、中谷、永津が、第二次の砂堤は八幡、五井の市街地に続く飯沼、島野、柏原、白塚、姉崎新田から姉崎市街地にいたる帯状地帯であって、沖積地ではもっとも標高の高い地帯にあたります。

流路変移に伴なって生ずる砂堆はこの帯状砂堤にはさまってそれより若干低く、現在の集落と主にそれに隣接する畑地を形成します。養老川左岸下流域の当該地を拾ってみますと、廿五里、下川原、金川原、野毛となっております。現在の海岸線に沿う砂堤は最終のかたちのもので、その砂堤上の住居地は谷島、川岸、玉前、岩崎、出津、松ケ島、青柳、今津朝山と認識されます。

巻末の図のなかには、とくに下流にゆくにつれて、川沿いに出来た自然堤とみられる高低差のある崖地が随所に記入されております。また明治十五年当時の河口以外に海水が陸地に深く刻み込まれている箇所があって、これらはいずれも比較的新しい旧河口跡と判断されます。右岸は別にして、左岸では松ケ島と玉前との間が顕著です。さらに飯沼と出津の間と、松ケ島と青柳間を迂回するように流れて海に出る流路跡は、十五年地図を見るまでもなく、現在の五万分の一地図においても判別できます。

十五年地図上に堰と記入されている二ヶ所があります。いずれも流路変移後の沼状地を人工的に農業用水用堰に造成したものと認められ、このうちの一つである金川原と下川原間の堰は、小折付近から町田を経て野毛・島野間を抜け、青柳川を形成する古養老川であったと推定されます。また現行地図、十五年地図ともに、海岸線から直進して島野・飯沼間に至る今津川一支流が記入されておりますが、この流路は島野・飯沼間を流れる古養老川本流があったことを窺わせます。当該地には川岸の堤の形骸化した崖地が記入されているところからも、これがうなずかれます。またこれとは別に今津川が現国道と交叉するあたりから白塚を大きく南西に迂回して、姉崎新田間を経て町田方向にいたる流路があります。現在も今津川として細流するもので、両岸とも複雑相対的な砂堆の変形度からみて、これとさきの古養老川との間では、古くから幾度か流路の変移を繰り返していたものと判断されます。

この二つの流路を妨げるように存在する飯沼、島野、白塚を含む比較的大きな第二次海退滞留期

養老川
A
B
N
青柳川
玉前
出津
松ケ島
八幡
五井
飯沼
青柳
C
1000
今津
朝山
白塚
島野
廿五里
村上
野毛
姉崎
山新
柏原
神ノ池
永津
姉ケ崎
D
町田
小折
西野
海保
今富
糸久

養老川周辺の地形

の砂堤は、過去に養老川が大きく開口した五井・姉崎間の帯状砂堤の残形とみられるものです。
以上の古養老川左岸下流域の地形形成の考察結果を図示してみますと、前頁にあげた付図となります。台地縁はもっとも古い縄文以前の海岸線（図■示）、つぎに第一次海退滞留期の海岸線は姉崎市街地と永津、町田を結ぶ帯状地帯（図■示）で、現在の市街地の大部分を占める八幡、五井、姉崎新田、姉崎市街地を結ぶ帯状砂堤（右と同じく図■示）は第二次の海岸線、海退後の古墳時代後の海岸線は青柳川・今津川間の流路変移によってもたらされた現在の海岸線であって、この間の砂堆地は十五年地図上の集落とこれに接する畑地として、前提付図上に■示しました。こうした検討結果から、比較的顕著に認められる古養老川の流れを、付図中Ａ、Ｂ、Ｃ、Ｄで示しました。

この四本の流路の新旧を判別するのはなかなか困難ですが、明治十五年当時、川岸形成の堤跡を崖地として残している箇所はまだ崖が完全に平滑されない残跡として存在するという理由により、比較的新しい時期のものと認め、付図中Ａ、Ｂの線とみます。Ｃ線は青柳川河口まで非常に単純な流れで、中間の島野・飯沼間にやや広く低い平坦地をかかえていて、野毛・飯沼間を経て青柳方向に向かった流れが比較的長期間続いて、第二次の帯状砂堤をつくった当時の、古養老川を想定させます。

一方Ｄの流路をみますと砂堆部分は幅が狭く、しかも複雑な変形度に加え相対的な地形をしており、流路の蛇行と浸食がさかんであったことを窺わせ、Ｃ・Ｄ間で数回にわたる流路の変動があったことを示しております。

さて、以上が古養老川の変遷ですが、しからば弥生時代から古墳時代初期にかけての流路がどうであったかと言いますと、過去において比較的養老川流路が安定していた時期、それはまた第二次帯状砂堤を寸断して流れていたと思われる付図中C、Dの線がもっとも妥当であろうと結論されます。従ってこの線から以北の三角州沖積地には、弥生・古墳時代の遺跡の分布が極めて希薄です。C線から南側、すなわち左岸寄りでも当時は中州や内海的な入江や泥沼化した湿地が多く存在していたはずです。また第二次砂堤も部分的に残されていて、こうした砂堤地に卑小ながら古墳時代の遺跡が確認されておりますし、今津川北方の砂堤地白塚地区には一基の古墳の存在を市原市分布図に記します。古墳時代といっても、いずれも後期以後と判断されます。

後述する式内社島穴神社の位置も、古くは現在地と相違するといいますが、十五年地図では先に述べた古養老川の左岸に相当し、あるいは当時内海的な水路の、中の島のような寄港地航路にとって重要なところではなかったかと思われます（図上、島野の幵印）。

いずれにしましても、古墳の存在を述べるにあたって、またその被葬者氏族に触れる場合、古養老川左岸下流域は現在と相当異なった地形にあったことを考慮する必要があるということです。それはまた上海上国の地域的な古墳造営の偏重を意味するだけではなく、実は弥生時代以来の諸勢力が左岸でなく右岸国分寺台地に拠った理由でもありましたし、上海上氏族が姉崎・椎津の地に展開するうえでも、おそらく決定的な影響を与えていることでもありました。というのは、養老川の流域は、単に流路や河口の変移を示すにとどまりません。さきの付図に示された砂堤と砂堆の間の低平地は、これは明らかに砂堤に囲まれた内海的な入江、潟であったことを示しておりまして、上海上氏族にとって港としての条件を決定的にしております。

たしかに流路の変移は潟の利用にとって、砂堆形状の変化を伴って不利です。しかし海から遡行して台地に至るには、こうした内海がもっとも適していたはずで、当時の港としての機能を大きくしていたのは治水技術の有無です。上海上氏族の展開の源がこうした治水技術の所持にあったことは、その後の発展をみれば十分考えられるところであります。

比較的大きな内海の入口は現在の飯沼・島野間で、内海の津は小折、町田、永津の現県道13号線におかれていたと思われます。

弥生時代から古墳時代初期にかけては、海上から養老川を遡行しますと、まず最初に国分寺台地に突き当たります。これが国分寺台地を拠点とするに至った初期の勢力の経路です。国分寺台地とその周縁、およびそこから上流の流域沿いの西野から海士有木にかけての低地が、こうした人々の生産生活基盤となったと考えられます。河口付近に三角州を形成する養老川左岸域を耕地とするには、まだ干拓技術も農耕器具も未熟でした。泥湿地帯への上陸も不可能でした。神門古墳群造営の氏族も、言われるように東海西部勢力の先導により、弥生時代以来の経路に従って国分寺台地に到着し、それぞれ氏族継承の古墳を印したのでしょう。

養老川左岸下流域で津の地名を冠するのは椎津、永津、今津、出津の四ヶ所で、このうち出津は養老川がA、Bの線を形成する新しい時代のものでしょうが、さきに述べた第一時海退滞留期の海岸線に位置する永津は、C線やD線に流路が変移したあとも、津としての役目を有していたものと思われます。それはおそらく一時期前の氏族と違って、河口から内海に入った上海上氏族の最終の寄港地で、地形的にみて、古墳時代のある期間、津としての機能を維持していたのではないでしょうか。椎津は小櫃川・馬来田氏族と境を接する上海上南端の津です。今津は、椎津や永津に対しての新しい今の津の意味でしょう。

先に式内社・島穴神社が古養老川左岸に位置していたと記しましたが、養老川本流が付図中Cの流れになった比較的長期に安定していた時期、島野・野毛間は内海の入口として上海上氏族によって利用され続け、この間、さきに記した島穴神社はその入口を扼した位置におかれたものと思われます。さながら畿内大和川の広瀬神社か龍田神社、あるいは河内百舌の大鳥神社と同様の性格であります。

古養老川を挟んでの新旧氏族の展開は、こうした地形・流路に大きく左右されていたのではないかという観点からみてまいりました。単に古墳の分布にとどまらず、内海・潟の存在が大きな要素として想定され、それとともに一時期の上海上氏族の勢威も、この潟津の掌握にあったと考えられるようになるわけです。

上海上国奥津城に比定される大型前方後円墳をはじめ、この地区古墳の発掘調査は近時多大の努力が払われ、数々の重要な考古学的成果をあげております。こうした努力の結果、古代上海上国の歴史的位置づけ、あるいは古墳相互の関連性の論及にしても、ここ数年ようやく本格化してきたように思います。例えば昭和五十一年からの発掘による、同六十二年判明の「玉賜」銘鉄剣出土の市原稲荷台一号墳の位置づけや、同時期とみられる上海上国の大型前方後円墳との関連性についても、様々な推論が展開されるようになりました。

そうしたなかで旧姉崎町地区の主要古墳の性格や築造時期についても、個々の発掘調査報告書のほかに、数種類の論文をみることができます。とくに故中村憲次著作刊行会発行の『房総古墳論攷』や市原市教育委員会刊行の『上総・山王山古墳』では、山王山古墳以外に、過去の数少ない発掘調査結果を視野に入れて、この地域の古墳について様々な問題が提示され、論じられております。しかしこうした各論が必ずしもそれぞれ互いに整合性を持っているわけではありません。もちろん刊行物や登載の各論が論者の異なる論文ですので、相違もあって然るべきでしょう。あるいはそうした論旨は論者の問題提起とも思われますが、市原稲荷台一号墳との関係も、各論錯綜して論じられております。

これは市原稲荷台一号墳の被葬氏族、性格による困難でもありますが、上海上国造氏族の性格、位置づけに、まだ解明されなければならない多くの問題を含んでいるからにほかなりません。発掘調査された古墳の少なさもありましょうし、すでに消滅している大型前方後円墳のとらえ方にも、いくぶんの原因があろうかと思います。さらにそれは稲荷台一号墳との関係にとどまらず、実は三世紀中葉から後葉とみられる神門古墳群とその周囲の氏族との関係も、上海上国造氏族を考えるうえで極めて重要でありまして、おそらく稲荷台一号墳の五世紀中葉の市原をいかに解釈しても、神門古墳群以来の氏族の展開を解明せずしては正確な結論は成立しないはずであります。

そこで、旧姉崎町所在の各古墳をみてゆくまえに、ひとわたり神門古墳群以下の、主として養老川右岸下流域の、国分寺台地とその周辺の古墳とその分布を一瞥しておきたいと思います。

養老川右岸台地上の古墳

養老川右岸下流域の古墳分布を概観しますと、その大部分は次頁の概略図白丸に示すように、流域沿いの国分寺台地縁部である河岸段丘状に分布しているといえます。

下流から見てゆきますと、まず西谷からはじまり根田、神門、諏訪台、東間部多、辺田持塚、東、猿子谷、福増、武士の各古墳群が、いずれもわずかな距離をおいて続いております。ちょうど狭い地区の部落の構成のようで、この地区の特徴とみなすべき分布です。

ほかには西谷古墳群と東間部多古墳群の間に小型方墳のみの松山と長平台の各古墳群が寄り添うように接し、山倉古墳群と猿子谷古墳群の間には小型円墳のみの山倉八郎作、山倉堂谷の二古墳群が挟まって存在します。ある一群の氏族に隷属する別の職能集団を象徴するような配列です。

河岸段丘をはずれて、国分寺台地上のほぼ中央には孤立するように南向原、南祇園原、稲荷台の三古墳群と、その北方台地上縁には郡本向原台古墳群が、いずれもともに円墳のみの構成で、さき

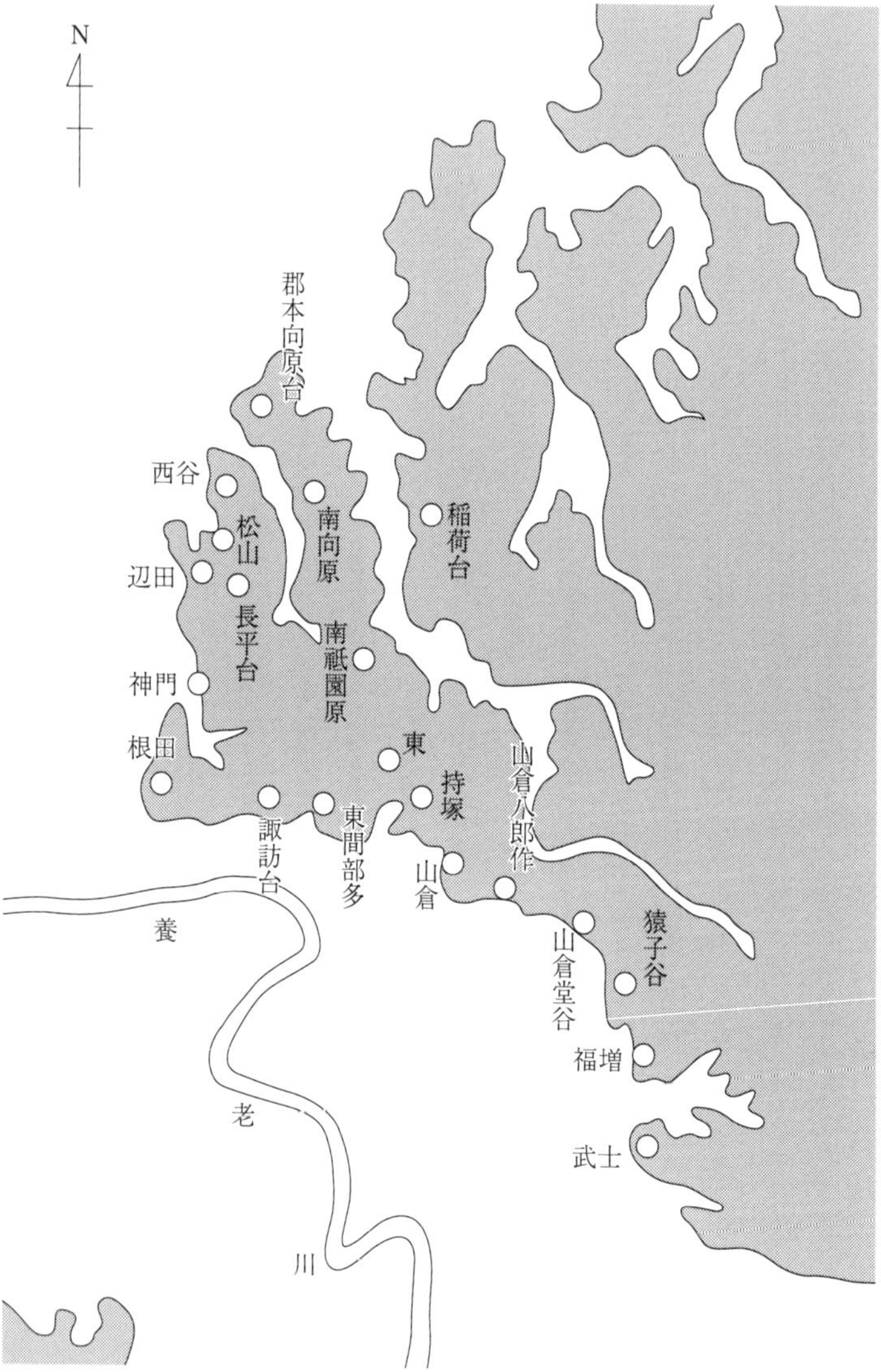
N
郡本向原台
西谷
松山
辺田
長平台
南向原
稲荷台
南祇園原
神門
根田
東
持塚
山倉八郎作
諏訪台
東間部多
山倉
山倉堂谷
猿子谷
福増
武士
養
老
川

の各古墳群とは様相を異にして群拠しているようにみえます。また山倉東方約四キロの村田川の一支流が深く侵入する谷田縁部には荻作、小田部、勝間の古墳群が、養老川流域から若干離れて存在します。

以上が主に養老川右岸下流台地上に展開する古墳群でありますが、概観一瞥してみてもいくつかの特異な古墳態様がみてとれます。まず第一に撥形あるいは帆立貝式を含む前方後円（方）墳、円墳、方墳と、各種の墳形が存在すること、第二に、一基のみの単数でこの地区に分布しているというのではなく、ほとんど群集、濃密な古墳基数を数えるということ、第三に、その一群中に各種形態の古墳が混在するものと、同一形態の古墳のみで構成されているものとがあることなどがあげられます。

これらの台地には、下流端の西谷古墳群から上総国分寺東方に接するアラク遺跡までの間に、縄文前期から弥生時代にかけた先土器の出土、再葬墓、環濠、方形周溝墓などと、時代的変遷過程をあとづける遺跡が連続し、周溝墓周囲からは東海系の土器、大型の船を描いた土器なども出土しております。

これらの古墳群のうち小型方墳のみで構成される辺田、松山、長平台、南祇園原の各古墳群は、やや大型の墳墓を含む神門、諏訪台、東間部多などの氏族と階層を異にする小氏族の墳墓群と思われます。

出現期最古とされる神門五、四、三号墳（全長各々三八・五メートル、四九メートル、四七・五メートル）の周囲には、いずれもその後の前期古墳一、二基を含みますが、隣接する諏訪台、東間部多両古墳群にも、前一期の四世紀初頭に比定される前方後方墳が確認されております。とくに諏訪台古墳群中には前方後円（方）墳、円墳、方墳と、形態の異なる墳墓が多数群拠し、その造営もほぼ古墳時代全期にわたっており、方墳のなかには七世紀終末期の造営になるものもあります。

小型円墳のみの山倉八郎作古墳群はその位置からみて、山倉古墳群に包含される勢力と考えられますが、同群中には小型円・方墳数基のほか、全長四五メートルの横穴式前方後円墳などを含んでいて、あるいは四世紀末以降の氏族の発展過程を示す古墳群とも考えられます。西谷・根田古墳群も山倉古墳群と古墳構成が相似です。

山倉堂谷古墳群は猿子谷古墳群の南に接する福増古墳群とともに、全長三六メートルの前方後円墳以下の円墳のみで構成される猿子谷古墳群に包含される勢力と推定され、詳細不明ながら前期以降のものと考えられます。全長三八メートル余の前方後円墳を有する武士古墳群も、これと同じ性格の古墳群とみられます。

円墳のみの南向原および「玉賜」銘鉄剣出土の稲荷台の各古墳群は他の古墳群と異なって、沖積地に向かう台地縁、別の小谷に沿う台地上と、それぞれ流域沿いの台地縁部から離れて存在するほかに、右岸台地周辺の他の地域とは全く異なる円墳のみの古墳構成を示します。この二古墳群は円墳の規模、様式にも、さらに埋葬品にもある程度共通するものがあって、五世紀以降の経年的築造にかかわる古墳群と考えられます。

群拠するこの地域の古墳構成にあって、持塚古墳群のみは多少その構成を異にしております。同群中の数少ない古墳はそれぞれが孤立するように離れていて、二基の方墳もあわせて、神獣鏡出土の円墳や横穴式前方後円墳などと同群として掌握すべきか、疑問があります。他の古墳群と性格の異なる前期末以降の氏族の展開を反映しているとみられます。

国分寺台地上の東西に分かれて、神門五、四、三号墳と同時期に築造された古墳を含む小田部古墳群は円墳のみの構成で、神門古墳群と同様前方後円墳への推移は認められません。群の規模も小さく、その後の時期にあっても見るべき古墳が存在しません。

以上概観したとおり、国分寺台地上の前一期および二期前半の古墳の主流は、前方後方墳とこれをとりまくおびただしい方墳群です。大和纏向石塚と同時期で、しかも類似の形態を有する神門五、四、三号墳、あるいは石塚から箸墓につながるような前方後円墳への発展は、この地域では見当りません。大和南東部では前方後円墳と後方墳がほとんど同時平行的に造営されておりますが、国分寺台地にあってはそれもなく、どちらかと言えば東海中・西部地方の木曽川、揖斐川中流域古墳群に通ずる古墳構成、態様を示しております。ただこれと相違しているのは、こちらは前方後方墳を中心に方墳を配するのに対し、国分寺台地にあっては希少ながら神門五、四、三号墳のような、纏向型出現期古墳という大和直結形の古墳があることです。

神門古墳群の供献土器には東海系の土器に混じって在地の土器が多く出土するところから、古墳造営の氏族は、近畿や東海地方との交流のあった在地勢力との説があります。しかし前にも述べたとおり、神門あるいは小田部古墳群のその後の古墳推移、隣接する古墳群の墳形とその変移をみますと、神門古墳群の氏族は在地勢力をとり込んでいった他からの移住勢力の可能性が強いのではないかと、本稿では考えます。

国分寺台地上には方形周溝墓の時代から引き続くように東海系土器がみられ、同系統の土器がこの地区の土器に混じって神門古墳群中に存在することで、それらの地域と交流のあった「在地勢力」、という説も成立するでしょう。たしかにそれらの地域との交流が保たれていたことを窺わせます。しかし両地域の土器の混入が確認されるといっても、それはそれ以前からの交流の証しにこそなれ、神門古墳群の氏族が移住勢力でなかったという反証にはなり難いと思います。交流のなかには当然相互の交流、つまり移住も行われたとみるべきです。そして、古墳造営には移住からの経年があります。とり込んでいった在地の人々の古墳造営は当然でしょうし、在地の土器があっても、これも当然であります。

大和纒向石塚周辺からは西日本から東海・北陸・南関東にかけての土器が確認されております。この場合単に土器のみの移動は、祭葬儀礼の寿邑にあってはほとんど意味を成しません。おそらくこれらの地方から纒向への土器を所持した人の移動と、それらの人々の石塚あるいは箸墓周辺における生活があったはずです。纒向への移住の事実と、石塚と神門古墳出現は同時期とみて大差はありません。ということは、奈良纒向と神門の地は、同一祭祀の信仰を共有する意味での同族集団がいたということでありましょう。

このように養老川右岸下流域には、神門古墳群の氏族もそうですが、諏訪台、東間部多などにみられるように、早ければ三世紀初頭からの移住があったと考えられます。纒向型古墳と前方後円墳あるいは方墳との相違も、おそらく階層的な相違でありましょう。諏訪台古墳からは舶載鏡の出土が確認されております。鏡が配賜か分与か、または譲渡かは断定できませんが、こうした鏡を所有する方形周溝墓とは異なる新たな古墳祭祀の儀礼を持った氏族の、この地区への進出とみたいと思います。そのなかで、纒向型古墳をつくる氏族以外に、移住の先導を担う氏族が前方後方墳や方墳を主体とする氏族であって、それがとりもなおさず東海西部の氏族につながる勢力ではないかということであります。この地区から出土した船を描く土器から、方法も、おそらく海路であったとみられます。

国分寺台地上の古墳群を総括してみますと、以上のように台地上に展開する勢力にも、時代と氏族を異にするいくつかの集団があるようです。三世紀から四世紀初頭の古墳時代にかけて、神門とその周辺に移住してきた氏族がその周囲の在地氏族をとり込んで、新たな共同社会を形成していったのが前一期の時代であって、その後、前二期の四世紀末あるいは五世紀に入って稲荷台、南向原および円墳を主とする別の氏族の進出をみたあと、後期に入って氏族の発展をあらわすように前方後円墳が出現します。

以上が国分寺台地上の古墳を概観しての筆者の理解です。ただし方墳にしても前方後円墳にしても、大型古墳と称されるものはついにこの国分寺台地上には現れませんでした。神門古墳群も五、

四、三号墳以外にみるべきものがありませんし、周辺古墳群のような永続的な造営もありません。後代の国分寺造営時に消滅してしまったことも考えられますが、それにしては群中の円墳は小規模です。前方後方墳や方墳の氏族に吸収されてしまったのでしょうか。大型古墳がないというのも、四九メートルの神門四号墳との比較においてではなく、その後の養老川左岸下流域に展開する勢力との関連において理解しなければならないものです。

その養老川左岸下流域の古墳の大部分は、前二期後半以降の大型前方後円墳と円墳によって占められていて、旧姉崎町所在の古墳は隣接する海保、今富地区とともに、古墳構成に右岸のそれとは明らかに相違が認められます。やや奥に入った養老川左岸沿いの安須、高坂、中根、岩崎の地区には国分寺台地と似た構成の古墳群がありますが、旧姉崎町にはこれが極端に少なく、どちらかと言えば広く粗に散在するという態様が認められます。つまり、大型前方後円墳の地域には、右岸を含めた他の地域と相違した氏族階層構造が成立していたのではないかと推定されるのです。即ちそれは前方後方墳や方墳の態様をとる氏族を避忌するような、大型前方後円墳を築造可能とする強力な首長とその同族集団のみの展開居住が、この今富、海保地区を含めた旧姉崎町地域で行われていたということです。

そこで、この左岸下流域地域の、個々の古墳についてその位置、現状を逐一述べ、若干の考察を加えてみます。ただし本稿では今富、海保地区は主要古墳のみに触れ、主として旧姉崎町地区のみに限定してやや具体的な記述につとめ、旧姉崎町地域を椎津川によって姉崎地区、椎津地区と二分して説明いたします。文中に記す古墳数字は巻末地図および一覧表の古墳に付された数字に対応します。

第三章　養老川左岸の古墳

姉崎地区沖積地帯の古墳

この地区の沖積地は、大部分の水耕地と若干の畑地を形成しておりました。現在は急速に住居地に変貌してしまい、もとの地形の詳細が不明化してしまいました。主に沖積地砂堤上に前方後円墳と円墳が散在しておりましたが、ほぼ半数を残して消滅しております。以下各古墳の位置について記します。

姉崎地区のもっとも北に位置する瓶塚古墳①は大字今津朝山の春日神社境内にあり、社殿左側の、浅間社と稲荷社を祀った箇所に、平滑されたとはいえわずかに丘状となって残存します。この古墳は古くから上毛野田道塚の伝承をもっておりますが、後述する瓢箪島⑦、川崎⑧、椎津浜㉘、御陵塚㉙の各古墳と一線をなして存在するもっとも海岸線に近い古墳で、近世末期まで経営されていた塩田がこの部落の西に接する位置からみて、ここに拠った人々は当時からすでに製塩に携わっていた可能性があります。製塩土器などの出土は聞きませんが、ここからわずかに入った白塚地区に「塩釜」という地名があります。

田道塚の由来は、往古、田道将軍遠征の帰路、この地で没したので高塚をつくって埋葬した、と語られます。四世紀末か五世紀初頭の上毛野田道東国派遣か、八世紀初頭の上総国司上毛野安麻呂に関係しての伝承かと思われます。

大字今津朝山は「今津」と「朝山」の併合による字名ですが、「今津」とは、おそらく「椎津」または「永津」に対する新しい津の意味、「朝山」は律令期「今津」の浜に集荷された「麻山」の意であろうと思われます。

なお、『上総・山王山古墳』付図には、瓶塚古墳①を西方の鷺宮神社付近としておりますが、誤記と思われます。瓶塚古墳は円墳で、地質的位置は白塚地区と今津川を挟んだ砂堤上です。このことから同古墳位置の砂堤は、白塚と同時期に生成された、前項で述べた海退期の第二次の砂堤と考えられます。砂堤上のもっとも北東寄りの古墳はこの瓶塚①と、別に白塚に一基「市原市埋蔵文化財分布地図」に記すのみです。

山新古墳群②は姉崎地区の砂堤北端に位置し、養老川流路変移のあったある時期、もっとも養老川に接していたものと考えられます。いま砂堤上の東西に約一〇〇メートル離れて二基現存します。東側の一基は径約二〇メートル前後、円墳か方墳かは確認できません。他の一基は径約十数メートル前後の円墳と認められ、二基とも現在一部住民の墓地となっております。

なお東側の古墳の南に接して昭和十年代まで別の古墳二基が併存しておりましたが、現在はその形骸すら認められません。先の東側の古墳の墳形不詳の理由は、周囲が削り取られていることにもよりますが、この消滅古墳の削平の関係で、外見上判断が出来なくなっている事にもよります。というのは、現存古墳に続いて南方に延びる残骸があって、これが現存古墳のものかまたは隣接していた消滅古墳のものか不明で、外形上墳形が即断できないわけです。

二基の古墳が現存する本古墳群は、従って計四基の古墳群構成であったと思われます。

字姉崎新田地区にある白幡神社と、後述する二子塚古墳④とのほぼ中間に、現在二基の姉崎新田古墳群③の円墳が大部分崩壊したかたちで東西に位置しております。同付近はすでに消滅しておりますが三、四基の古墳が一群をなしていて、これらは二子塚④周辺の古墳とともに、その大部分は、明治末年の鉄道敷設用土（軌道床）として使用されて消滅し、また一部は本群中にあった通称「ジンの池」（神の池？――潟の残存か）の埋立に用いられた古墳もあります。隣接の二子塚④群を構成するものと判断されます。

二子塚古墳④は姉崎地区の砂堤沖積地のほぼ中央に位置し、東西主軸長一一五メートルの、養老川流域第二の大きさをもつ前方後円墳で、前方部は他の沖積地の古墳と同様南西にあり、昭和二十二年に発掘調査されております。後円部、前方部の両方に埋葬施設があり、主要な出土品は船載鏡一、仿製鏡二、武具類、轡、農具類、玉類、石枕（うち一は重文指定）、金銅張衝角付冑、総銀製耳飾などがあります。出土が北九州に偏重している舶載鏡（蟠虺鏡）は前漢鏡とみられます。石枕は常陸および下海上国からの同種の出土例が多く、文様などほかの同種石枕と比較して極めて優品であることが確認されております。なお石枕は関東南部への広がりもありますが、その大部分が常陸、下・上海上国の範囲に集中していて、石枕分布圏というものが論じられており、この姉崎・椎津地区はその南限とみられております。

これらの出土品遺物、土器類および墳丘形態・規模から、築造は五世紀後半の早い時期の、上海上国造あるいは国造以前のより独立性の強い地方首長の奥津城に比定されております。また同古墳は紀伊海草郡椒浜古墳と地理的条件・墳形・出土品が共通しているほか、大阪百舌鳥古墳群中の陵墓との類似も指摘されております。

もっとも、類似と言っても、おそらく図表上の縮尺類似であって、実際に似ていると言われる履中陵の前に立って、「類似」の実感はなかなかに生じません。「類似」などという比較は、その巨大さの前で消し飛んでしまいます。とはいえ、築造が、当時としては極めて高度な専門的技術であるということと、専門技術以外の別の規範、例えば時代的な類似、立地条件の選定、当該氏族の大小の諸条件を考慮して築造されたものであろうということ、従ってそれはまた供献土器類も含めて、単なる古墳文化圏との接触や借用や真似事では到底造営し得ないものであるということを、陵墓の前に立っていやでも感得させられるということでもあります。椒浜古墳と地理的条件が共通しているということですが、前方後円墳と円墳を、沖積地のある限定した一ヶ所に築造するという形態も、上海上氏族の意図の有無は別にして、椒浜古墳もあるいは同時期の百舌鳥古墳群の地理的位置とも似ております。また二子塚④を含むいずれの古墳も、明確な海路の目標物であり、海に対する誇示とみます。

二子塚④周辺には十数基の円墳があった事が『上総・山王山古墳』にも記されておりますが、付近住民によりますと、少なくとも一基の前方後円墳を含む別の四、五基の消滅円墳の存在が伝えられております。この場合、前述した姉崎新田群③と接するので、これを含んだ四、五基なのか、また前方後円墳の存在も二子塚④とどの程度離れていたかなど判然としません。

二子塚④周辺の前掲十五年地図をみますと、同古墳の北に接して極めて不自然な狭く細長い畑地があって、二子塚④同様周囲を一段低い水耕地に囲まれております。古墳築造のための土砂採取の跡というより、姉崎新田群③中か別の古墳削平時の跡か、あるいは前述の「ジンの池」埋立によるものか、そうした疑いをいだかせる地形です。また筆者の少年時、二子塚④の西に接して通称「ぼっこれ（こわれ）塚」と呼んでいた箇所がありますが、いま密集した住宅地になっていて、いずれにあたるのか確認できません。さらにまた二子塚④の西方に、海岸線に平行して、砂堤地の西縁に沿って現在県道がありますが、この傍らに農業灌漑用疎水（匂当水用水）が不入升地区から分流しています。この疎水は後述する浅間社古墳⑤を避けて、そこだけ湾曲してつくられておりますが、この疎水の部分湾曲と全く同じ形状の湾曲箇所が、二子塚④の北西約二〇〇メートルの地点にも認められます。形骸すらありませんが、古墳の存在を疑わせます。

これらの疑わしい箇所がすべて前方後円墳であるとは認定できませんし、住民の証言も位置的に確定的ではありません。昭和十年代まで疑わしい地形として残存していたものもありますが、墳形となると住民の記憶もさだかでないものが多くあります。現在ほとんど住宅地に変貌しておりますが、少なくとも二子塚④以外の同型古墳一基と、同古墳周辺の消滅円墳数基について、姉崎新田群③も加え、円墳だけでも七基前後となり、ほかのこの地区の古墳構成とは相当異なる態様がみられます。もちろんそのすべてが同時期の築造と確認することはできませんが、特異な群構成については後に考察してみたいと思います。

浅間社古墳⑤は姉崎神社北西約三〇〇メートル、二子塚④南西約七五〇メートルの、前記農業灌漑用疎水（匂当水用水）の湾曲部にあり、東西軸長七〇メートル前後の前方後円墳です。古墳東端に浅間神社を祀ってありますが、式内社姉崎神社参道の起点にあたり、後述するように神社とは密接な関係にあります。この古墳周辺は幕末の戊辰役の戦場跡で、幕臣義士の死骸数体埋葬の記録があり、昭和十年代まで丘頂部が崩壊したかたちで火葬場として使用されておりましたが、昭和二十年代浅間神社を残したのみで完全に消滅しております。昭和三十八年の山王山古墳⑭発掘時にはすでに消滅しており、昭和二十二年の二子塚④発掘調査時には現形を保っていたはずですが、残念ながら同報告書には記載がありません。

妙経寺古墳⑥は現在同寺境内の一部にとり込まれ、いまは平滑された微高地となっております。前記浅間社古墳⑤と同様の規模をもった古墳で、主軸方向も浅間社⑤および二子塚④と平行し、かつ、これらの古墳と形状が相似で、非常に優美な墳形であったことが伝えられております。二子塚④に規範した築造とみられ、従って浅間社⑤とも二子塚④に続く時期の沖積地築造古墳とみます。明治後期から徐々に平滑されております。

この妙経寺⑥周囲には狭小な貝塚を認めますが、前述した砂堤上にあって、微高地となってもなお砂堤地から一・五メートルないし二メートルの高さがあります。「市原市埋蔵文化財分布地図」では推定全長五五メートルとしてあります。

他に妙経寺⑥の南西約四〇〇メートルの現在市街地をなしている地域にもう一基の存在が語られておりますが、二子塚④周辺の消滅古墳と同様、詳らかではありません。同所は海退期の第二次の帯状砂堤の南端にあたり、通称「亀ケ崎」と呼ばれる地域で、現在老大樹が浅間小祠脇にあります。砂堤標高からさらに微高地を形成して、妙経寺⑥と類似の立地位置にあります。この小字名からしても（亀→瓶）過去に供献土器出土の疑いをいだかせます。

瓢箪塚古墳⑦は妙経寺⑥の北西約六〇〇メートルにあって、明治末年まで、すなわち鉄道施設以前までは旧姉崎町字養老町から海岸船溜まりに出る道が同古墳の傍らを迂回しておりました。戊辰役時、林相のこの古墳上が一時戦場となりました。昭和十年代まで同所はわずかに微高地をなしておりましたが、現在は完全に消滅しております。呼称から考えて前方後円墳の疑いがありますが、詳細は判然としません。帯状砂堤から外れた臨海地にありますので、呼称をそのまま前方後円墳とすると二子塚④・妙経寺⑥を結ぶ古墳帯より後の時期の、はじめに記した瓶塚古墳①と同じ時期の古墳と考えられます。

川崎古墳⑧は旧姉崎町小字下町からほぼ直線的に海岸船溜まりに向かう通称神社道（ジンジャミチ）と呼ぶ小道の左側に、昭和十年代はじめまでわずかにその形骸が認められましたが、現在消滅しております。とくに近くに社が存在した記憶はありませんが、あるいは本古墳上に小祠を祀っていたその参道の呼称でしょうか。昭和初期には小碑があったような記憶があります。鉄道軌床下ガードをくぐってすぐの海側の、円墳と推定されます。なお『上総・山王山古墳』では本古墳の名称を椎津川左岸に記載してありますが、これは後述する椎津浜古墳㉘の位置と錯覚したものと思います。

以上姉崎地区の沖積地に現存、あるいは存在したと確認される古墳の数は、前方後円墳三、円墳五基であります。このほか添付の図面に記入しないが、いちおう存在を予想される二子塚④周辺の前方後円墳一基と、ほかに円墳として山新群②中の円墳二基、新田群③および二子塚④周辺の四、五基、さらに姉崎市街地亀ケ崎の墳形不詳の一基が想定されます。

養老川左岸下流域の沖積地では別に姉崎山新の北方、前述した今津川を挟んだ対岸白塚地区に一基あるのみです。同地区から以北に古墳が存在しない理由は、前掲養老川流路の図面に示したとおり、当時は養老川が主に図中C線の箇所を流れていて、その右岸は流路不定の地域であったためであると思われます。

これら沖積地古墳のうち瓶塚古墳①、川崎古墳⑧の各古墳はもっとも海岸線に近い砂堤上、すなわち現在の第三次の砂堤付近にある古墳で、当時もほぼこれらを結ぶ線の内陸側が現在と同じ水耕地を形成していたものと推定されます。ただここで注意をしなければならないのは、白塚地区所在の古墳を含め、山新②、新田③、二子塚④および浅間社⑤、妙経寺⑥と、数えればその西方亀ケ崎消滅古墳は、第二次の砂堤上に帯状をなして連なっており、前記の海岸線に沿って点在する古墳と配列のうえで明らかに相違し、古墳造営の時代的相違、あるいは水耕地開拓、居住地展開などの重要な変化を含んでいるものと考えられます。すなわち、二子塚④を中心とする古墳帯状地帯と、海岸線に沿う古墳との間には、海水の浸入する沖積地の干拓に要した年代に相違があり、ひろく二子塚④周辺群の古墳が造営される時期には、沖積地干拓は前記帯状古墳群の手前までで、その後さらに海水が侵入するデルタ地帯まで干拓に成功した時期に、新たに海岸沿いの古墳が築造されたものと思われます。また帯状地帯の古墳造営は、その砂堤上を北から南へ向かって経年移動しているものとみられますが、南西から北東に向かって移動しなかった理由はそこが島野、飯沼を挟んで養老川流路の定まらぬ地帯であったこと、従って当時にあっては安定した砂堤地でなかったためであります。

古墳時代の主たる生産生活基盤となる沖積地のうち、青柳川以北と、青柳川と今津川の間がしばしば繰り返される流路の変移地帯であったことは、当時のある氏族が右岸国分寺台地に拠った最大の理由ではなかったかと思います。とくに弥生時代から古墳初期の時代には、氏族の展開のうえで、決定的な要因をなしていたのではないでしょうか。だとすると、左岸氏族と国分寺台地上の氏族との関連を考慮するうえで、左岸下流域の地理地形的要因は見逃すわけにはゆかないと思います。

姉崎地区台地上の古墳

旧姉崎地区の台地は椎津川支流をかたちづくる谷津田によって、それぞれ主姉崎台地、迎田台地、不入斗台地に割別されていて、これらの台地上の古墳の数を台地ごとに比較してみますと、もっとも濃密に存在する主姉崎台地は、主稜台地とその西側のやや長大な支稜台地に二分されます。いずれの台地背稜にも縄文・弥生遺跡を包含しますが、古墳もこれらの背稜と台地端にあって、とくに主姉崎台地背稜上における主要前方後円墳の列状点在は注目に値します。以下に記します。

棗塚古墳⑨は後述する御社古墳⑫の北方約四〇〇メートルの、海退期の第一次砂堤上の姉崎神社と二子塚④のほぼ中間の位置にありましたが、現在は消滅し、墳形その他不詳です。同古墳は沖積地にあるとみることも出来ますが、ここでは台地上の古墳として扱います。この地帯は、第一次海退期の砂堤である関係で、こうした古墳造営以外に、居住地その他種々の生活態様趾の存在が想定される砂堤です。

天神山古墳⑩は、約六〇〇メートルの距離をおいて、二子塚④と南北に対峙する主軸長一二〇メートルの養老川流域最大の前方後円墳で、現在周縁部の一部がわずかに浸食されております。台地縁部を利用し、一方の台地を削って盛土として築造しております。このためこれに接していたいまは消滅している方墳か、または前方後方墳の一部をはぎ取っています。丘頂部にいま天満社を祀ります。内部未調査ですが、墳形計測と地表上にあらわれた土器片から、二子塚④に先行する前二期の四世紀後半の築造とみられております。また二子塚④との墳形相似が指摘されております。

天神山⑩の北東に隣接して、住居趾および方形周溝墓と、この地区に類例を見ない、ただし消滅した円墳、方墳、前方後方墳が最近になって確認されております。この地区の他の台地上には少ないながら数基の方墳や前方後方墳はありますが、天神山⑩周辺のように前方後円墳に隣接して複数存在するという態様は、この地区の、とくに沖積地を見下ろす台地縁部に限って、現在までのところ他にありません。単にまだ発見されていないという可能性も否定できませんが、この地区古墳の態様からは稀有と言わなければなりません。

前記方墳も前方後方墳も、また接近する円墳も、築造期が確定的ではありません。天神山⑩に先行するのか並行するのか、あるいはその後の後代に遅れて築造されたのかは、単に古墳築造時期の問題だけでなく、この地域に展開した氏族の性格をみるうえで、重要な問題を含んでおります。

発見された前方後方墳は三四メートルと言います。天神山⑩の長軸にほぼ直角に六〇メートルの距離をおいて南面する古墳で、考古学的所見からは天神山⑩に並行する時期の造営と推考されております。円墳の一つは天神山⑩の周溝に重複する可能性があるほど接近しているとされています。周溝を考慮すれば前方後方墳も天神山⑩との距離六〇メートルも接近しているとみなければなりません。天神山⑩の長軸に直角するその南面は、しかし築造時の用土採取によって台地標高がかなり低くなって、現在水耕地となっております。こうした地形を考えますと、築造時が並行するということは、天神山⑩を築造する時点で前記円墳や前方後方墳を考慮したか、あるいは逆に天神山⑩の存在を考慮したか、いずれかでなければならないということになります。

前方後円墳築造の氏族が、方墳や後方墳築造の氏族を包含するということもありましょう。大型前方後円墳を代表するような大阪羽曳野市誉田御廟山古墳は珠金塚古墳という方墳を陪塚としております。天神山⑩周辺に方墳や前方後方墳があっても不自然とは言えませんが、天神山⑩以後、この姉崎・椎津地域に、こうした分布の態様はみられなくなりました。ですから後円墳と後方墳の築造時期が並行するという前提に立てば、後円墳の氏族と後方墳の氏族がある階層性をもって併存していたのは、どうやら天神山⑩築造時期だけということになります。以後相違する墳形の古墳群拠がなくなっていることは、少なくともこの地域の台地縁部・沖積地とも前方後円墳の氏族に専有されていったものと理解しなければなりません。

宝蔵寺古墳⑪は市原市分布地図によりますと南北に二基記載されておりますが、北側の小円墳は早期に消滅したとみえて不詳です。南側の規模の大きな方の円墳は、昭和十年代初期まで集落の中央道路を遮るような位置にその巨大な墳形をとどめておりましたが、現在は残念ながら消滅しております。北西側にかけて縄文・弥生・古墳時代の遺物が出土する貝塚が続きます。同所は現在住宅地のため調査不能のようです。天神山⑩とともに前記古墳とみます。

御社古墳群⑫は以前に宮山古墳、白波塚古墳と称された古墳と、ほかにもう一基を加えた古墳群です。白波塚と称された古墳は次に述べる釈迦山古墳⑬と接するような位置にありますが、ほかは姉崎神社参道の北東側にあります。

姉崎神社地は縄文時代前期の遺構とその後の住居跡を蔵していて、境内の杉樹林は昭和十年代までほとんど巨大な老樹が占めていて、こうした樹林中には至るところ小円の隆起がみられ、土器片の散乱もありましたが、樹相の変化した現在は、こうした形骸は全く見られなくなりました。小隆起がすべて古墳形骸というわけではありませんが、宮山、白波塚以外の古墳があっても当然と思われる地帯でありますし、あるいは古くから祭祀に関係する土器その他を埋蔵する場所であったかとも考えられます。

釈迦山古墳⑬は主軸長九一メートルの前方後円墳で、天神山⑩と同様の古相の墳形を呈しております。現在その南縁は姉崎神社宮司海上氏の墓域をなしております。同古墳は御社⑫とともに、天神山⑩にならぶ二子塚④に先行する時期の前期古墳とみられておりますが、さきの宝蔵寺⑪も同時期と考えられます。

釈迦山⑬の西側に接して、姉崎主稜台地西端に一段低く、いまは消滅した山王山古墳⑭がありました。前方部を西とする主軸長八五メートルの前方後円墳で、消滅直前の昭和三十八年に発掘調査されております。主体部は後円部直下の長さ九メートルの粘土槨に木柩を納め、主な副葬品として金・銀単竜式環頭太刀、金銅製冠帽、耳環、仿製鏡、櫛、武具類および土器類などの出土がありま す。頭骨の一部が発見されておりますが、直接骨表面に殯葬によるとみられる朱が塗られております。

出土した太刀の環頭部および外装は精巧で、とくに外装柄部と鞘部の絵金具の様相は、朝鮮百済武寧王陵出土の単竜式環頭太刀と類似しているほか、出土武具類のうちの胡籙飾金具は金銅製冠帽とともに九州から東北地方にその分布が及び、分布の中心は九州であると『上総・山王山古墳』は述べております。

山王山古墳⑭出土の太刀と朝鮮武寧王陵出土の太刀を比較してみますと、まず環部文様および竜形は類似しておりますが、細部をみますと、王陵出土品は竜尾が環内側で立ち上がっているのに反し、山王山古墳⑭出土太刀にはこの立ち上がりがありません。折損でもないようです。また、山王山⑭出土品の柄部縁金具の文様は第一、第四金具とも菱型で、第一、第二金具の帯状金具表裏は花紋ですが、王陵出土品の柄金具は鋸歯文様、帯状金具には鳳凰がとり巻いているという相違があります。

環頭太刀は単竜式、双竜式、単鳳式など非常に豪華なものが列島各地で出土しておりますが、外装を重視する儀刀であるといわれ、古墳時代のうちで、五世紀末から六世紀にその全盛がみられます。胡籙金具は五世紀あるいは六世紀時代の渡来品、あるいはその技術によって国内でつくられた武具とされ、環頭太刀とともに、所有者がそれによって権威づけられた時代の所産であるといわれます。とくに金銅製冠帽・環頭太刀については、筆者は、単なる権威づけにとどまらず、身分的な権威づけという、もっと積極的な意味を感じます。

冠帽の分布が北部九州から山陰・北陸の日本海側、中部・関東南部にわたっていることも、氏族の展開と発展のうえで見逃すわけにはゆきません。胡籙にしても、環頭太刀とあわせ、国造氏族や舎人直とともに考えなければならない問題と思います。舎人直とは畿内に赴き、直接大王警衛の任にあたる国造氏族の者で、その地方の中小氏族を委任統括するものであるといわれます。古墳規模、副葬品などからみて、舎人的な任にあった首長氏族が考えられます。本古墳は六世紀前半葉の、後一期築造にかかわる国造系奥津城と比定されております。

原古墳群⑮は北から鶴窪、原一号、原二号と、姉崎主稜台地上をほぼ南北に縦列するかたちで点在します。このうちもっとも北に位置する鶴窪古墳は釈迦山⑬の南東約一〇〇メートルにあって、主軸長約五〇メートルの前方後円墳、その主体部は粘土槨、詳細不明ですが直刀の出土があり、現在南方の一部がわずかに道路に削りとられております。

次の原一号墳は周溝を有する主軸長七〇メートルの、やはりこれも前方後円墳で、昭和四十八年に発掘され、直刀、刀子、金銅製耳環、勾玉および土器類が出土しております。また古墳下層から弥生期の、さらに周辺から六世紀初頭の住居趾が発見されており、最終の発掘調査報告書によりますと、土器編年からみて築造は後一期の山王山古墳⑭に先行する古墳とみられます。

原二号墳は原一号墳と同じ前方後円墳で、昭和十年代までわずかに残形がありましたが、前記鶴窪古墳を除き、原一号墳ともに現在消滅しております。規模は全長五〇メートルと推定されます。

六孫王原古墳群⑮はかつて前方後円墳を含む数十基がありましたが、いま姉崎主稜台地の南縁基部に相当する地点に、東側の後述する堰頭古墳⑰に接して約半数が残存します。一群中のもっとも南側の一基は全長四五・四メートルの周溝を有する前方後方墳で、横穴式石室、大型甕による埋葬で、副葬品として金銅製鏡板、鋲頭、金銅製馬具などが出土しております。七世紀前半からの後三期の築造と位置づけられます。いずれも山王山⑭、原古墳群⑮に続く国造氏族の経年的墳墓とみる説が有力です。調査結果から重葬を推定する説もありますので、同群中の消滅前方後円墳を考慮すると、七世紀前葉から後葉にかかわるものと考えられます。

同群中の他の古墳は円墳四基と前掲市原市分布地図にありますが、筆者はかろうじて二基をうかがい知るのみで、他の二基についてはほとんど消滅とみました。前方後円墳も見当たりません。同消滅古墳上にあったと伝えられる浅間社小碑は姉崎神社境内に移設されております。

堰頭古墳⑰は六孫王原古墳群⑯の東ほぼ一〇〇メートルに接し、字片又木方面への道を南に接する前記六孫王原古墳群⑯中の前方後方墳と同じ大きさ、四五・四メートルの前方後円墳で、未調査ですが、同後方墳に先行し、同群中の消滅した前方後円墳と前後する時期の築造と考えられます。なお本群中に含むものとして、ここよりわずかに離れた片又木部落の浅間神社後背部の台地も古墳の疑いがあります。墳形は円墳ですが、南西部を削って溝をつくり、三山講の塚を独立した形状にみせております。実際の墳頂部は神社後背です。

木戸窪古墳⑱は姉崎主稜上の堰頭古墳⑰の北に位置する円墳で、墳頂直下の粘土槨に二つの埋葬跡があり、直刀、刀子、銅環、小玉類のほか人骨片が出土しております。位置からみて、築造は原古墳群⑮と堰頭古墳⑰の間にあたるものと考えます。

同点より東にのびる一支稜上の徳部台古墳⑲は、両裾式石室の埋葬形式のある方墳で、同古墳は前述の六孫王原古墳群⑯中の前方後方墳と同様に、一時造墓活動の中絶を経てふたたび七世紀の後三期末に継続造営されたものと論考されております。

姉崎主稜台地の西を画する支稜台地上の迎田古墳群⑳は千葉県分布地図では欠如しておりますが、『上総・山王山古墳』では前方後円墳一基を含む平右衛門作古墳群と毛尻脇古墳群とそれぞれ呼ばれた古墳群に相当します。同支稜上には弥生中期の方形周溝墓がありましたが、同群古墳の大部分とともにすでに消滅し、南端の毛尻脇古墳群と称された五基のみが残存します。いまその西縁に小社を祀ります。

同群中の一つに、同支稜北端の富士見塚と称された古墳がありましたが、これは昭和三十八年に発掘調査されております。木棺直葬で、副葬品として仿製鏡、金銅製胡籙、直刀その他の武具類が出土しております。方製鏡およびこれを含む武具類は山王山古墳⑭と同類であるところから、山王山⑭と並行して造営された同古墳被葬者に従属する軍事的任務を担った側近者とみられ、同支稜上のほかの古墳と同様の、六世紀前葉以降の一系譜の経年的集団と論考されております。そうだとしますとこの氏族は、六世紀以降もひき続いて原古墳群⑮にまたがる国造氏族に従属して、この支稜上に位置していたということになります。あらためて後述しますが、姉崎・椎津地区には、右岸国分寺台地に似た群居する古墳構成は極めて少なく、この迎田古墳群⑳を入れても二、三に過ぎません。ほかは群といってもある程度広い場所に散在し、多くとも三、四基前後が疎に展開するのみです。国造氏族とおそらく同族集団を形成する迎田古墳群⑳の支族は、姉崎・椎津地区においては、ほかと異なった特殊な上下関係または職掌にあったと思われます。

迎田古墳群⑳とは反対の姉崎主稜台地の東側支稜基部に、四基の小円墳を形成する房ノ久保古墳群㉑があります。規模は極めて小さく、現在このうちの二基は崩壊して微高地をなすのみであります。

迎田台地上の白谷古墳群㉒は、南東にのびる椎津川支流と片又木支谷に挟まれた支稜上にあって、後述する椎津川対岸の永藤古墳群㊻と対峙します。同古墳群は『上総・山王山古墳』では白谷、迎田、溝向の三群と称されたもので、白谷群に相当する箇所の縄文時代からの遺構を有する方墳一基は、現在付近住民の墓地となっております。台地北端の二基はいずれも円墳です。ほかはほとんど消滅の状態ですが、木棺直葬、若干の直刀の出土を伝聞しております。

椎津川上流と片又木支谷の谷田に囲まれた不入升台地丘陵には、縄文時代から平安時代までの遺跡が点在します。同台地支稜最北端の円墳である古屋敷古墳㉓は、『上総・山王山古墳』では浅間台古墳と称された古墳で、その南方の東元居原古墳㉔はもと有秋古墳と称された古墳です。現在地はわずかに隆起しているのみで、ほとんど消滅といえます。同古墳と前記古屋敷古墳㉓の中間にあった不入斗古墳㉕は、現在は外見上確認できませんでした。

東元居原古墳㉔と小谷を隔てた支稜上の光明台古墳㉖は、古屋敷古墳㉓と同規模の円墳で、その西縁をいまも山径が通っております。同古墳南方約三〇〇メートルにある上椎木古墳群㉗中の一基は、現在ゆるやかな隆起状の地形となっていて、墓地として使用されております。なお同点より約二〇〇メートルの熊野神社後背部も、前述した片又木浅間神社と同様に墳形とみたいと思います。

姉崎台地とつながる養老川左岸下流域には、このほか同台地と平行する旧海保郷、今富郷があり、さらにその左岸上流、字分目台地の奥には数多くの古墳が存在します。

海保、今富地区には、天神山⑩に先行するとみられる古相の前方後円墳・今富塚山古墳（全長一一〇メートル）の存在が知られております。その他顕著なものとしては円墳の海保大塚（径九〇メートル）、前方後円墳の内出古墳（全長四四メートル）があり、国造氏族は初期に今富・海保に拠り、姉崎台地上に移動したとの説があります。古墳分布の態様、築造期の推移などからみて筆者も移動説をとりますが、拠点移動ではなく、首長権同族移動説です。移動後も、この今富・海保地区は姉崎・椎津地区とともに、直接的な国造氏族の根拠地であったと考えられます。ただ中心が旧姉崎町地区となったのは、前述したように今富・海保台地前面が養老川流路の変移地帯であったこと、そのために当時はまだ干拓不能な泥沼湿地を抱えていたこと、さらには、この氏族にとってもっとも重要な、近畿・東海などの外部との交流を担う海路の寄港地として、姉崎・椎津地区がより適していたことなどと、おそらく無縁ではなかったと思います。

これら流路変移の地帯でも、低地の砂堆地に相当する箇所から古墳時代の遺跡がないわけではありませんが、そうした人々の活動の時期は、おそらく二子塚④以下の沖積地での古墳築造以後であったとみられます。

姉崎・椎津地区、今富・海保地区奥の、主に養老川左岸の河岸段丘上の古墳群は前方後円墳、円墳、方墳とバラエティに富み、台地縁部の前記地区のそれとは様相が異なり、右岸国分寺台地上の古墳群と同様の構成にあります。方墳のみの山見塚、外迎山古墳群、円墳のみの安須古墳群、前方後円墳と円墳の中高根、上野山古墳群と、古墳群に相応した多くの古墳が一ケ所に濃密に群拠します。古墳の構成にとどまらず、国造氏族との関係も、おそらく右岸国分寺台地上の氏族と同様の関係にあって、今富・海保・姉崎・椎津地区とは異なった氏族で、ともに国造氏族の勢威のもと、ゆるやかな同盟関係を維持していたものと考えられます。

椎津地区砂堤上の古墳

椎津台地は椎津川を隔てて姉崎台地の西方にあり、その北西の海岸に向かって派出する台地です。主稜台地の両翼には多くの小尾根を菊葉状に出しております。平地は台地と海岸線に挟まれ、北は椎津川、南は直接海岸線まで突出する郡境内地背稜に遮られ、沖積地はほとんどなく、平地は砂堤によって形成されているといえます。海岸線から台地までほぼ三〇〇メートル前後で、従って姉崎地区のような沖積地古墳は存在せず、直接砂堤上に二基を数えます。

椎津川河口西側に位置する椎津浜古墳㉘と、ここから約三〇〇メートル南の御陵塚古墳㉙は、前述した姉崎地区の川崎⑧、瓢箪塚⑦、瓶塚①と同様海水浸入地と水耕地との境界にあります。

椎津地区砂堤上のこの二基の古墳は、ほかの姉崎地区の古墳に比して特異な位置にあります。すなわち、旧姉崎町地域の沖積地のはじまる南端にあって、台地縁部が直接海岸線を形成するここより以南の地は、養老川流域と氏族の異なる小櫃川流域・馬来田国の勢力圏であります。両古墳ともいまはほとんど海に接していますが、近代になって海岸線が浸食されておりますので、しかしそれでも姉崎地区の瓢箪塚古墳⑦と同じ海岸線にもっとも近い古墳で、海路で上海上国を目指すと、台地縁が突然切れた平野部のはじまる箇所にあたり、海路第一の目標物とされる性格を与えられております。

海に接しているとはいえ、地質的には養老川右岸から連続する海退期第二次の帯状砂堤の延長線上にあります。おそらく川崎古墳⑧などより若干古い時期の造営と思われます。昭和十年代までわずかに微高地を成しておりましたが、いまは全く消滅し、消滅前から御陵塚古墳㉙上にあった小碑が置かれているのみであります。椎津台地北方周縁部の古墳群と氏族を一にする、それはまた姉崎地区の国造氏族と集団を同じくする同族であったと推定されます。

椎津地区台地上の古墳

当地区の古墳は主に椎津台地周縁部に分布するのみで、台地奥にはほとんど存在しません。

稲荷山古墳㉚は椎津主稜台地の北東端にある古墳で、その西端近くには付近住民の墓地がありま す。同古墳からの石枕出土の噂がありますが、墳頂部をややはずれた不自然な盗掘跡とみられる凹部がこれに関係するか否か不明です。市原市分布地図では方墳とありますが、前方部を南西とする前方後円墳の疑いがあります。本古墳は中世における築城時の空掘構築により北東部が削平され、また南西部は昭和初期から十数年個人邸宅に接し、周囲を削均され、わずかにその前記墓地からあがってくる山径が、北西部のみ昭和十年代前後まで墳形を囲むかたちに連弧状を呈しておりました。墳形に沿って径があったと理解するほうが自然であります。いまその山径もなく、古墳の西側も平滑されていて、外観のみの墳形判断は一応ひかえておきます。墳頂に住民の信仰の対象となっている小碑がある関係で、近接してきた宅地開発がかろうじてここで停止しております。

爺神古墳㉛は前記稲荷山古墳㉚の南方約一〇〇メートルの、竹ノ越背稜上にあった径約三〇メートルの円墳でしたが、隣接する婆神古墳㉜とともに消滅しております。同古墳は昭和二十年代はじめまでここに小碑を置き、住民の信仰対象とされてきました。

婆神古墳は市原市分布地図の「竹ノ越遺跡」と記す位置にあり、爺神古墳が消滅する数年前に消滅しております。爺神古墳より早く消滅したのは、爺神のように信仰の対象となる小碑が置かれていなかったからと思われます。両古墳は前記稲荷山古墳㉚とともに、姉崎台地上の国造系大型前方後円墳などと椎津川を挟んで対峙する位置にあって、古くから「ジガン・バガン」と併称畏敬され、爺神では付近住民により月毎に小碑の前に供献する風習がありました。いま碑の存在を知りません。

郷社八坂神社（江戸時代まで祇園社）東南方後背台地上の外郭古墳㉞は、通称城山山頂部にあります。一三四四年、千葉郡椎名郷にあった千葉氏一族の椎名胤仲の椎津城築城によって基部の大部分が埋没しておりますが、全長八五メートル前後の、椎津地区唯一の現存する前方後円墳で、陸海路とも上海上国の西域を占める位置にあります。二子塚④に次ぐ規模の古墳が椎津川を越えてあるということは、国造氏族の構成を考えるうえで重要でありますし、沖積地でなく台地上にあることも、一考させられます。本古墳の前方部は後円部と比較して一段低い墳形から、あるいは二子塚④に先行する時期の古墳の疑いがあります。

当該古墳被葬者は国造系の拡大した氏族という論考もありますが、規模が若干下回るかあるいは同規模の姉崎地区の古墳を奥津城と数えるのであれば、今富塚山古墳もそうであるように、この外郭古墳㉞についても同じように考慮しなければなりません。

前述した天神山⑩・二子塚④の国造としての性格をもった首長は海部を掌握していたという論考もあります。そのため強大な勢力を培い、一時期房総半島中総の盟主的地位にあったとされます。

しかし海部の掌握というよりもっと直接的に、この氏族は、本来海部族ではないかと思われます。外郭古墳㉞被葬者は上海上国にあってその時期、首長氏族と血縁を同じくする、直接海部を掌握する任にあった人物であったとみます。

現在成田山新勝寺蔵となっている石枕があります。古墳被葬者と直結するものですが、出土を椎津台と伝えるのみで詳細不明です。二子塚④出土の石枕と比較しますと石質、大きさはほぼ同じですが粗製です。出土が字地名のない、通称の椎津台と伝えるのみで記録がありませんが、前記した稲荷山古墳㉚出土か、またはこの外郭古墳㉞の疑いがあります。いま同古墳直下に、古墳上から遷座した前記八坂神社がありますが、これと接して江戸期まで神社と合祀されていた金剛寺がありま す。古く同古墳所在の台地の一部を寺領としていたこの小寺が真言末寺であるところから、出土品を本山寺院の成田山新勝寺に供したとも考えられますので、石枕提供者に確認する必要があるのではないかと考えます。

養老川河口の潟を利用する上海上氏族が走水海東岸を北上する場合、最初の目標物がこの外郭古墳㉞であろうと思います。古東海道が相模から対岸房総に渡って陸路北上するからといって、上海上国の氏族が主として西方から入手したあらゆる物資、様々な人々を、氏族の異なる小糸川、小櫃川流域の地を何代にもわたって通過路としていたということは到底考えられません。そもそも古東海道が駿東から足柄を越えて相模に出て、走水を渡って総の地へという律令時代の陸路官道とそれ以前の径路は、古事記・日本書紀（以下『記紀』）に記すヤマトタケルの東征路でもあります。古代史のうえで造船・航海の学術的考究は遅れており、確たることはいえませんが、伊豆半島を海路迂回する手段がなかったとは到底思われません。「上つ海の上なる国」は長い航海の果てに陸地を望む海上からの概念であって、陸路のそれではありません。上古の海上氏族以来、主として近畿、紀伊、東海方面へのこの氏族唯一の交通機関とされる海路を掌握していた氏族の、上海上の「津」が「椎津」であり「永津」であり、外郭古墳㉞の被葬者はその海上氏族のなかの海航の首長に相当する古墳位置・規模を有しております。当該地は中世山城から室町末期までの城砦による建造物などのためか、古墳表層がいくぶん平滑されているほか、近時の開発で、現在後円部の一部が削崩されたまま放置されているのが残念です。

外郭古墳㉞の台地と小谷を隔てて西に隣する台地縁部の根の上古墳㉟は、現在墓域のため一部を残すのみであります。市原市分布地図によると円墳となっておりますが、南西側の古墳基部は、円墳とされる基部から海岸線と平行して連続する連弧状にも見えて、円墳と断定するに躊躇します。外郭古墳㉞と同様墳頂部に径二メートル近い椎の大樹がありましたが、現在は枯れて撤去され、墳頂部もほぼ平滑されました。

椎津台地縁部の古墳の、外郭古墳㉞を中心としてその左右にほぼ同間隔をおいて根の上古墳㉟、稲荷山古墳㉚を配して海上に誇示する配列は、姉崎地区のそれと同様象徴的であります。その背後の五霊台と呼ばれる台地は、縄文時代から古墳時代にかけた遺跡を多く含みますが、一部を発掘調査した結果によると、前期円墳数基を含む住居趾が確認されております。いまは全く古墳の形骸すらありません。

ところでここで、さきに記した御陵塚古墳㉙の名称ともかかわってくる「五霊台」と称されることの地名に多少拘泥してみます。というのは、この地区の方言の音、「ゴリョデー」であります。普通「五霊台」であれば、この地区の人の発音は「ゴレデー」または「ゴレーデー」となります。さきの御陵塚㉙の根拠は、呼称「ゴリョヅカ」または「ゴリョーヅカ」であります。

いったいにこの台地は中世末期、椎津城攻防により多くの血が流れたところで、近世に入ってその怨霊信仰から耕地所有者が頻繁に交替しております。当時建立の五輪塔の位置もしばしば移動された末に、現在は所在不明の有様です。ただし、当時の戦没武将を「五霊」と数える根拠は見当りません。いつの時代にか「ゴリョデー」の発音を当地の方言を話さない地区外の人が、戦いに敗れた武将に連想して「五霊台」に当てたものかと思われます。「御霊」としても当地の発音は「オンリョー」で、「ゴリョ」または「ゴリョー」ではなくなります。古墳時代の土器片の出土からみて、あるいは十四世紀の築城による外郭古墳の埋没時、この台地上で別の特記すべき古墳が消滅した可能性を考えてもおかしくありません。市原市分布地図でも婆神古墳㉜跡を、古墳時代出土土器などをもって「遺跡」としているところからも五霊台地上に古墳の存在を疑えますし、「五霊台」が「御陵台」であった場合の意味と、唯一の前方後円墳・外郭古墳㉞被葬者の性格が、またあらたまって考えさせられます。

以上の稲荷山㉚、爺神㉛、婆神㉜の各古墳は、ほかの椎津台地上の古墳と比較しますと規模が大きく、また古墳位置からみても、外郭古墳㉞とともに五世紀後半から六世紀の築造と考えられます。椎津浜㉘、御陵塚㉙も、時期は遅れるとはいえ、これら古墳被葬者と同族の墳墓とみられます。

椎津地区にかぎらず、養老川左岸下流域台地縁部の比較的規模の大きな古墳の周囲には、なぜかほかの小型墳墓が存在することがありません。姉崎地区の一、二の大型古墳に若干群構成の古墳（二子塚④、天神山⑩）がある以外、前方後円墳はほとんど単数で存在するという傾向がみられます。ということは、外郭古墳㉞クラスまたはそれに近い規模の古墳被葬者は、ほかの小円墳、とくに方形の墳墓の古墳被葬者と階層上の相違があることを窺わせ、そして、それら古墳規模の大きい首長氏族の古墳築造地は指定制限されていて、ほかの氏族が入り込めなかったのではないかと考えられます。すなわちこの場合、沖積地あるいは台地縁部の大型古墳の被葬者である首長氏族の大型古墳築造の目的は、位置からみて、おそらく海にあったと判断されます。

坊窪古墳群㊱、上中台古墳㊲は郡境支稜台地背稜にあって、同支稜と東側の椎津主稜台地に囲まれた谷田、および支稜台地を耕地とする家族単位程度の小集団と推定されます。坊窪㊱の一基は昭和十年代に完全に消滅し、ほかの一基と上中台古墳㊲も現在平滑化され、ほとんど消滅といえます。いずれも円墳です。

松山古墳㊳は椎津主稜台地のやや西に位置し、この小円墳もわずかに隆起していると目されるほどの、ほとんど消滅状態に近い古墳で、いま墳頂部に相当する箇所に小碑を祀ってあります。この古墳と前記根の上古墳㉟を結ぶほぼ中間にあった椎津台古墳㊴は昭和十年代まで形骸をとどめておりましたが、いま完全に消滅し、その跡地の現在宅地内に小碑を置くのみです。本古墳の呼称を椎津台としましたが、地名は字向原で、ほぼ平均した標高の台地を総称して椎津台と呼んでいるに過ぎません。前述した石枕出土を椎津台としてあると前述しましたが、本古墳出土であったにしては極めて小規模な古墳で、また出土の噂も皆無であり、疑問としないわけにはゆきません。

松上台古墳㊵は椎津主稜台地基部の、北東からのびる谷田最奥の台地縁部にあって、小規模ながら現在も円墳形を認めます。

志々通古墳群㊶は前記谷田奥の台地基部に存在する円墳の群構成で、同地一帯は縄文期から平安期までの遺跡を内包する場所で、いちおう群構成をなす古墳ですが、その密度は極めて疎で、右岸国分寺台地の濃密な古墳群構成とは甚だしく相違します。さきの松上台㊵、後述する日の宮古墳㊷はともに本群と氏族構成を一にする古墳と思われます。

松上台古墳㊵から北東の小尾根上にある日の宮古墳㊷は、千葉県分布地図による島原古墳群中の小円墳で、二基接近していま林中にあります。

山の神古墳㊸は市原市分布地図に欠如しております。椎津台地と永藤支稜台地の中間に派出する台地端にあって、小規模円墳ながらこれも接近して二基数えられます。一基の墳頂部が削られて凹状をなしておりますが、北方の谷田方向から望見しますと、さきの日の宮㊷同様林相形状が同所だけ盛り上がって見られますので、地表形状より墳形が明瞭に識別されます。頂部が削られた傍らに山神小碑があり、昭和初期までの住民の信仰対象でした。

茶畑古墳群㊹は千葉県分布地図によりますと二基とありますが、いまは両者ほとんど消滅といえます。昭和十年代まであった形骸も、道路拡張工事の路肩削平によって失われました。近くに三山講塚がありますが、古墳利用の疑いがありますのでここで触れておきます。

永藤古墳群㊻は『上総・山王山古墳』では二群とされた古墳群で、所在の地域の一部は対岸の白谷古墳群㉒のある旧不入斗村域です。二群としたのはあるいはこうした村域区分に従ったものでしょうが、白谷古墳群㉒被葬者とは系譜を異にするこの永藤地域に拠った一集団の、いわゆる群集墳と思われます。ほかの古墳群と異なり、狭く限られた小尾根先端部に群居するのは、姉崎地区の迎田古墳群⑳、六孫王原古墳群⑯とこの永藤古墳群㊻のみであります。六孫王原古墳群⑯を肩を寄せ合うような終末期国造系首長墳、迎田古墳群⑳を首長直属武装集団とみるならば、永藤古墳群㊻はいかなる性格を有する氏族集団であったのか。おそらく六世紀以降の群集墳の墳構成にその答えがありますが、姉崎・椎津地区が首長氏族の本拠地であったことを考えると、迎田古墳群⑳の氏族と同様、特殊な任務を担って首長氏族に従属する氏族であったと思われます。この地区一帯の古墳分布をみましても、上海上国造氏族の本拠地にあって、たとえ後期古墳であっても、迎田古墳群⑳のような特殊な職掌にあるもの以外、ある期間永続して群集墳を築くことは不可能でしょう。

なお永藤古墳群㊻奥の椎津坂にある奈良時代の金口谷遺跡東側の、小尾根端に山谷古墳㊼一基を数えます。浅間神社の後背部です。

以上、上海上国奥津城およびその周辺古墳について記してまいりましたが、あらためて消滅古墳の数に驚きます。とくに明治末年の鉄道敷設にともなう古墳消滅は顕著です。さらにここ半世紀の間に消滅した古墳も数多くあります。原因のひとつは近時の急速な土地開発にあると思いますが、未調査のまま消滅する古墳を多く数えることは残念というよりほかありません。なかには古墳という認識がされないままに、平滑化されるものも少なくありません。本稿をおこした理由の一端もここにあります。

なお古墳記述のうち、市原市分布地図に示す「現存」を、本稿では「消滅」と記載したものが相当数ありますが、この相違は、筆者の外見上の認識によった記述であることをお断りしておきます。すでに現状で自然形状と紛らわしいゆるやかな起伏は、ほとんど「消滅」としました。また古墳所在・墳形確認の期間は平成二年から同八年の間、主としてブッシュの少ない冬季に徒歩で行なっております。

右岸・左岸の古墳比較

前項で述べた姉崎・椎津地区の古墳を見てきますと、右岸国分寺台地のそれと、いくつか相違するところが目につきます。まず第一に、右岸の出現期古墳の出現が三世紀前葉からであるのに対し、左岸では天神山古墳⑩の例では、四世紀後葉の前方後円墳とほぼ並行するように大型前方後円墳が造営されたということ、第二には、右岸の古墳の主体がおおよそ前方後方墳と方墳の組み合わせであるのに対し、左岸では、一、二例外らしき状況もありますが、ほとんど方墳や前方後方墳を含まない構成であること、第三に、右岸では濃密に群居する古墳分布が、左岸では広く疎に展開していること、加えて第四には右岸沖積地に極めて希少な形式の古墳が左岸沖積地では大小形成するという、特異な態様を示しているということであります。

さきにも述べたとおり、右岸にあっては主に国分寺台地周縁部に沿って、ある限られた狭い範囲に相当数の古墳が密集して群を構成し、これがいくつも連続するという分布状態をとっております。ところが左岸下流域には今富・海保地区を含め、こうした群構成はわずかに迎田⑳と永藤㊻および二子塚④周辺に見られるに過ぎません。ほかは沖積地・台地上とも広く散在し、しかも一群といっても右岸と比較すると極めて少ない基数で構成されております。

古墳分布の態様はそこにある氏族の存在そのものです。従って右岸と左岸では、そこに展開する氏族構成に大きな相違があるのではないかと推測させます。すなわち国分寺台地上にあっては、隣接する中小氏族集団がそれぞれに独立した一集団を形成しながら、なんらかの規制の下に併存的に一つの地域社会を構成していたのに対し、左岸下流域では、極めて卓越した一つの同族集団が、今富・海保を含む姉崎・椎津地区に分散しているという形態で、しかも初期の展開時以降特定地帯での前方後方墳や方墳を許さない、前方後円墳と円墳というかたちで存在します。大型前方後円墳などはさきの二子塚④・天神山⑩以外ほとんど孤立孤高であって、あるいはほかの陪塚的な古墳すらも拒絶しているかに見えます。おそらくこうした態様は、同地区が、明確な首長権を有する氏族と、これをとりまく同族集団の構成で成り立ち、同族のうちのそれぞれの支族は、ある定まった職掌によって同一地域に分散居住していた事を反映しているものと考えられます。集団のなかにあって、首長墳墓とその周囲は、構成員といえども侵すべからざる聖地であったでしょう。大型前方後円墳が孤立孤高の所以です。

こうした強力な氏族の勢威の範囲が姉崎・椎津地区に限らず、右岸国分寺台地にも及んだ結果が、さきにも記したとおり中小氏族の併存的な秩序をもたらしたものと思います。その古墳の推移から、少なくとも五世紀後末期か七世紀初頭までこうした状況下にあったといえます。

右岸では、例えば持塚古墳群のように方墳、円墳、前方後円墳が、また西谷古墳群では円墳、方墳のほか帆立貝式などと異なる墳形を群中に包含し、経年的な氏族発展の様相を示しますが、左岸では古墳終末期、氏族の衰退を辿るかのように、六孫王原古墳群⑯でようやく前方後円墳、同後方墳、円墳という群構成を示すに過ぎません。

左岸下流域では右岸のような三世紀、しかも早くて三世紀前葉に比定される古墳は現在までのところ全く見つかっておりません。四世紀中葉かこれに近い後半に前方後方墳が築かれたと思いますが、その前後に今富塚山古墳という大型前方後円墳が出現し、以後釈迦山⑬、天神山⑩、二子塚④と続くわけですが、考えてみますと、姉崎・椎津地区に展開した氏族だけで、継続的にこれだけの大型古墳を築造できるとは到底思われません。やはり国分寺台地上の中小氏族集団をとり込んだ結果であろうと思います。

こうした古墳造営の経緯をみてきますと、おそらく四世紀中葉にかかる前葉の時代に、前方後円墳主体の新たな氏族がこの左岸下流域に展開したであろうと思います。同時代の右岸には前方後円墳はいままで見つかっておりません。

こうした古墳形態やその推移および構成からみて、右岸の一氏族が左岸に移動したのではなく、右岸左岸はそれぞれ別の氏族であった可能性を指摘できると思います。左岸の勢力はそれから半世紀足らずの間に右岸国分寺台地の中小氏族をその影響下において、この地域としてはじめて大型前方後円墳を築造し、五世紀前葉に入ると台地上からその位置を沖積地に移します。これもまた右岸と相違する点で、比較的左岸より広い村田川までの右岸沖積地の古墳は小型の御座目浅間神社古墳と第二期海退期の砂堤上に一、二基を数えるのみで、それも海岸線よりはるかに離れて存在します。

養老川左岸の氏族が半世紀にもみたない短期間に、この地にあった大方の氏族を何故その影響下におくことができたのでしょうか。たしかに二子塚④の発掘結果からもある程度の武装集団であったことは推定されますが、だからといって即座に養老川右岸の勢力を武力で屈従させたとは考えられません。右岸では四世紀中葉以後も継続してそれぞれ同一の場所で古墳の造営が続き、この間とくに際立った変化も認められません。

簡潔にいえばそれは武力による征服ではなく、彼我の勢力の隔絶性によります。武具類も農耕器具類も右岸氏族とは比較にならぬ新しい文物をもって左岸に拠った勢力は、武力行使がなくとも自然に優位に立ちます。当初に拠って立ち得たのは、この意味で彼我の間にある流路変移の養老川ですが、海部族であるこの氏族は近畿や東海、西日本との交流による先進的な文物を入手独占して、ひろくこれを周辺氏族に貸し与えることで、決定的な影響を与えずにはおきません。新しい土木・干拓技術もあったでしょうし、新しい鉄製農耕器具類など、新しい諸文明の供給を掌中にしていたのです。国分寺台地周辺といわず、遠く香取海の下海上の地域にもこれが及んだ結果が、石枕に象徴されるような、上海上氏族の勢威の拡大につながったものと思われます。

五世紀に入って本拠地姉崎・椎津地区の沖積地に展開された帯状古墳群の配列は、この意味からも特徴的です。二子塚④、浅間社⑤、妙経寺⑥の大型古墳と姉崎新田③の二群、さらにその存在を窺わせる二子塚④周辺と亀ケ崎地区の推定消滅古墳を加えると、砂堤上の大小古墳は海に向かってほとんど間断なく連続します。まさに「上つ海の上」に横たわる国の誇示と、海路の目標物としての古墳です。姉崎・椎津地区に拠ったこの氏族の性格を示していると思われますし、それとともに、この地区が上海上国の寄港地であることも示しております。右岸沖積地に海上からの目標となるべき古墳はありません。無いというより、おそらくその存在が許されなかったか、敬遠された結果でありましょう。

台地上の天神山⑩、釈迦山⑬、あるいは外郭古墳㉞ははるかな沖合からも識別できますが、接岸の場合の、あるいは潟に入る場合の地形の詳細は、別の目標物を必要とします。陸地近くなりますと、丘陵は大地と混融して一定の接岸地点が明瞭でなくなります。このため海岸線近くに寄港地としての別の目標物を必要とします。これが沖積地の帯状古墳です。

天神山⑩、釈迦山⑬の間に、式内社・姉崎神社が海に向かって建ちます。おそらく氏族神祭祀の場であったと考えられます。その後五世紀に入って古墳の築造が沖積地に下りますが、この時期、あらためて古養老川河畔、と言うより港への入口に祭神を置きます。姉崎神社から離れてわずか三キロ程度の式内社・嶋穴神社です。養老川左岸に接していることは祭祀鎮守の意味でも象徴的ですが、両祭神の本貫奈良龍田・新田神社の地に似ているのは偶然でしょうか。祭神を男女神としているところからみても、姉崎神社と嶋穴神社は不可分の関係にあるものといえます。

永く近世まで続いた祭礼行事にもこれがあらわれていて、姉崎社の祭神の乗御した神輿は浅間社古墳⑤の傍らまで来て、ここで嶋穴社の神輿が来るのを待つために休息することを重要な行事としておりました。浅間社古墳⑤被葬者の性格も考えさせられますが、台地上の古墳被葬者と沖積地被葬者の関係も、単に祭礼行事とかたづけられない風習です。この行事は江戸時代には両社藩領が異なっても継続されていましたが、明治二十年代以降残念ながら消滅しております。

右岸・左岸の古墳の比較から左岸古墳をみた筆者の理解は、つまり台地上にあった氏族が沖積地に移るうえで祭神を古養老川河畔に遷座し、氏族発展の最大の手段であった海路の寄港地を、帯状砂堤上の二子塚④以下の古墳造営として誇示したものであるということであります。単に沖積地開拓の記念碑とするには、海に向かう一大古墳群はあまりにも巨大です。そして氏族の祭神・風神はまぎれもなく海人の神です。

四世紀後半から五世紀末にかけたこれら古墳造営のあと、再び六世紀になると古墳は台地に移り、台地稜線上を何故か南下衰微したといわれるこの造営氏族を、ひと口に「上海上氏族」と呼んでおります。そして、いくつかの大型古墳を首長墳にあげ、主要古墳の編年を試みて、氏族の発展と衰微をたどるいくつかの説があります。いま筆者もこうした編年論に加担してみようと思います。編年による古墳の推移から、つまり上海上氏族の推移から、列島内の歴史が見えると思うからです。

主要古墳の編年

姉崎沖積地および同主稜台地上を縦列する主要大型前方後円墳は、歴代上海上国の奥津城とみられております。そしていくつかの古墳発掘調査報告書その他の論文などによって、数種の古墳編年が提示されております。そのなかで『上総・山王山古墳』では、天神山⑩、釈迦山⑬、二子塚④、原一号⑮、鶴窪（原古墳群に入る）⑮、六孫王原（前方後方墳）⑯と続く、いずれも国造系奥津城に比定する編年であるのに対し、「原遺跡調査会」の報告書では、前記編年のうち原一号⑮を山王山⑭に先行する編年に、また別の論文ではこれに堰頭⑰を加える等々の認識が述べられております。奥津城編年はいくつかありますが、おおよそここにあげた論旨に要約されていると思われます。年代も、系譜を同じくする氏族の二百年間の一系列の墳墓とする説とは別に、二百三十年間にわたる国造の集団であるとも言われております。すなわち『上総・山王山古墳』では、……沼上天豊氏は五世紀後半から七世紀中葉までの二〇〇年間に一世代平均二〇年で九世代の一系列の首長墳を想定している。我々は二三〇年間に想定するので一世代平均一八年の一三基の前方後円墳では一世代一基は多すぎるとも妥当だとも断定できない。

と、なかなか難渋に述べられております。

つまり、編年の基本とするのは、系譜を同じくする一系列の首長墳という捉えかたのなかで、大型あるいは主要前方後円墳をどう数えるかによって、奥津城編年にそれぞれ相違が生じているということです。

編年にあたって、未調査が大部分であるという困難な背景もありますが、浅間社⑤、妙経寺⑥の消滅古墳について触れられている論文は少なく、また、前項で養老川左岸の今富、海保、姉崎、椎津地区が右岸の諸氏族と異なる一つの同族集団であろうと述べましたが、その意味からも、今富塚山古墳その他の大型古墳を編年論に加えて論考する必要を感じますし、となると、なぜかほとんど触れられていない椎津地区の、規模八〇メートルないし八五メートルの外郭古墳㉞についても無視することはできません。椎津地区出土の石枕がどの古墳からの出土か断定できませんが、外郭古墳出土の線はいまの段階では捨てきれません。筆者はこれらを一括して上海上国造系の主要古墳として考えてみようと思います。

そこで、前方後円墳および比較的規模の大きい古墳を抽出してみますとほぼ十九基となりますが、このうちから奥津城と数えられる主要古墳をあげる前に、これらの古墳についてもう一度検討してみます。

まず海保内山古墳の前方後円墳ですが、今富塚山古墳、海保大塚に挟まって規模四四メートルとそれほど大きくなく、首長墳と数えることに困難を感じます。

通称から前方後円墳の疑いのある瓢簞塚古墳⑦は、すでに明治中期においても墳形・規模が確認され得ないことと併せ前述した古墳の位置的相違から、また迎田古墳群⑳中の平右衛門作消滅古墳と称される前方後円墳は、主稜から派出される小尾根上の首長成員の一支族墳として、いずれも奥津城編年から除外します。

二子塚④に隣接する前方後円墳の疑いある消滅古墳は、前述したように「くずれ塚」あるいは「ぼっこれ塚」と呼称されていた、すでに塚の形態を留めない丘地であったと記憶しておりますが、この地区古墳の様態と相違して随伴するような古墳を多く有する二子塚④の性格を考慮すると、首長墳に加えることに躊躇します。

規模六〇メートルの海保大塚は築造期を前三期と擬定する論もありますが、この地区古墳の位置的推移から、今富塚山古墳の次期と推定します。前期前方後円墳から一時的に方墳や円墳にかわったあと再び前方後円墳に変化する地域が駿東地方にありますが、ここは上海上氏族の渋滞とみるよりも、なんらかの外的要因による墳形規模の低下をきたした疑いがあります。列島内の歴史と上海

旧姉崎町所在主要古墳一覧

④二子塚古墳
⑤浅間社古墳（消滅）
⑥妙経寺古墳（消滅）
⑩天神山古墳
⑬釈迦山古墳
⑭山王山古墳（消滅）
⑮鶴窪古墳
⑮原一号古墳（消滅）
⑮原二号古墳（消滅）
⑯六孫王原古墳（消滅―後円墳）
⑯六孫王原古墳（後方墳）
⑰堰頭古墳
㉞外郭古墳
　今富塚山古墳（損壊）

上氏族の推移からあらためて後述してみたいと思います。円墳としては突出した規模にあること、首長氏族墳と同じ台地縁部に位置していることからみて、いちおう前期古墳に入れて考慮しておかなければならない古墳です。

六孫王原古墳群⑯中の前方後方墳は古墳末期の首長墳と数えます。従って同規模の前方後円墳である堰頭古墳⑰は、当然原古墳群⑮からの首長継承墳とみなければなりませんし、六孫王原古墳群⑯中の消滅前方後円墳は、同後方墳および隣接の堰頭⑰と同規模の可能性が高く、一応群中の後方墳に先行する主要古墳とみます。同じ問題は、原一号墳⑮調査時すでに消滅していた原二号墳⑮にもいえることです。

浅間社古墳⑤を本稿では七〇メートル前後と推定しますが、これと相似と伝えられる妙経寺古墳⑥は市原市分布地図では五五メートルと推定しております。堰頭⑰、六孫王原⑯前方後円墳を数えれば当然浅間社⑤、妙経寺⑥とも二子塚④に次ぐ主要古墳とみなすべきです。

この結果、二子塚④隣接の前方後円墳の疑いのある消滅古墳および円墳である海保大塚をここではいちおう保留して、首長墳を含む主要古墳として提示できる古墳は、前頁の表に記す十四基となります。このうち発掘調査されている古墳は五世紀後半の早い時期とされる二子塚④、五三〇年前後と比定される山王山⑭、六世紀初頭と言われる原一号⑮、重葬を考慮して七世紀中後葉の六孫王原⑯前方後方墳の四基のみで、ほかに今富塚山古墳は埋葬形式および一部調査から四世紀後半とみられております。天神山⑩は計測のみされていて、墳形から略測の釈迦山⑬とともに前二期あるいは前三期と推定されております。ほかの残り七基とともに、築造時期の比定されているこれらの古墳をそれぞれの時代にあてはめて、それを系列的に記すには、しかしなお多くの問題をかかえております。

前期古墳とみられる今富塚山、釈迦山⑬、天神山⑩にしても、釈迦山⑬を今富塚山に先行するとする論、あるいはこれを天神山⑩の次期とする論、また天神山⑩と釈迦山⑬を主・副首長墳とみる論等々もあり、原古墳群⑮中の一号墳二号墳および鶴窪古墳にしても、山王山⑭との対比のうえで、築造時期の前後や主・副組み合わせ等、いくつかの異論があります。

釈迦山⑬の後円部の形状は天神山⑩と同じですが、前方部を古い形式とみるか天神山⑩の縮小されたものとみるかによって、築造時期の判定に相違が生じていると思われます。位置的にも姉崎台地上に釈迦山⑬を築造したあと今富地区の台地上に移り、再度また姉崎台地に戻るという振幅は不自然で、四世紀後半今富塚山古墳築造ののちに氏族首長権が姉崎台地上に移動して天神山⑩、さらにこれに接して釈迦山⑬を造営したとみるのが妥当でしょう。前方部が天神山に比して矩形であるのは一つには地形の影響も考慮されます。

姉崎主稜台地上の前方後円墳が主稜上を順次南下する一系譜の経年的墳墓とするのは各論ほぼ一致していますが、「原遺跡調査会」の報告書では、原一号墳⑮から出土した円筒埴輪などから、同古墳は六世紀初頭の造営で、山王山⑭に先行すると比定しております。この結論からゆきますと稜線上の南下順序とは異なりますし、解釈上いくつかの困難が派生します。先ず第一に、台地端から奥に入った主稜上の原一号墳⑮のあと、山王山⑭のみ再び沖積地を見下ろす台地端に逆行したのち、再度また鶴窪⑮あるいは原二号⑮で台地奥に移行するという、錯行した築造経緯をたどるということになります。古墳位置もそうですが、規模においても、原一号⑮の七〇メートルから山王山⑭の八五メートルと拡大したあと、こんどは五〇メートルの鶴窪⑮と、同じようにこれもまた錯行します。加えて山王山⑭のみ異常に突出した華麗盛大な副葬品を伴っていることになります。

出土した考古学資料が古墳の年代比定に決定的であることは論を待ちませんが、いくつかの論文では、山王山⑭→原一号⑮という編年がとられております。おそらく首長氏族の消長を解釈するうえで順当であるからという判断であろうと思いますが、ここはしかし前提の矛盾を無視しても、考古学的比定に拠るほかはありません。本稿では六世紀初頭の原一号⑮のあと、年代的に非常に接近して山王山⑭と数えておきます。

椎津地区の外郭古墳㉞は近時墳頂部の一部が削りとられた状態で放置されております。前項で述べた中世の覆土で計測も不確定ですが、台地上に位置すること、おおよその墳形から原一号⑮、山王山⑭に先行する五世紀末とするより、釈迦山⑬のあと、二子塚④に先行する前三期末、五世紀前葉におきたいと考えます。浅間社⑤、妙経寺⑥の前後とするには位置的に無理があります。この場合首長墳が今富、姉崎、椎津台地と移動することについては、古墳の編年論で述べるよりも、首長氏族の構成とかかわるものとみます。すなわち、先に今富・海保を含む姉崎・椎津地区は首長氏族とそれに組織された同族集団の本拠地と申しましたが、沖積地を見下ろす台地端にはほかの構成氏族を排除して、集団の支配者・首長権を有する首長氏族の墳墓のみを配したものと思われます。

こうした諸々の論点から、先にあげた十四基の主要古墳について、四世紀後半の今富塚山古墳から七世紀中後葉の六孫王原⑯前方後方墳までを、あるいは年代的に列記することも可能です。すなわち一例として、

今富塚山古墳―天神山⑩―釈迦山⑬―外郭㉞―二子塚④―浅間社⑤―妙経寺⑥―原一号⑮―山王山⑭―鶴窪⑮―原二号⑮―六孫王原⑯前方後円墳―同前方後方墳となり、一世代平均二十年です。

この場合、発掘調査結果によって年代が比定されている二子塚④、原一号⑮、山王山⑭、六孫王原前方後方墳⑯のそれぞれが、比定されている年代をあまり隔てないものと固定すれば、今富塚山古墳の三七〇年または三八〇年から、六孫王原前方後方墳⑯が六五〇年、重葬を考慮して七世紀後半にかかるものとなります。

一方これらを主・副首長墳とする見方もあります。前述同様比定年代を固定し、また先程とほぼ

同じ年数の範囲に入るものとすると、

今富塚山・海保大塚―天神山⑩・釈迦山⑬―外郭㉞―二子塚④・隣接消滅古墳―浅間社⑤・妙経寺⑥―原一号⑮・同二号⑮―山王山⑭・鶴窪⑮―堰頭⑰―六孫王原⑯前方後円墳―同前方後方墳という組み合わせで、一世代平均三十年となります。

この場合単独の外郭㉞に稲荷山㉚を副にあてる見方も可能でしょう。また首長氏族勢力の急速な衰微を示すかのような古墳規模の縮小を示す堰頭⑰以下を単独とし、一、二例同様四世紀後半の三七〇年または三八〇年頃から七世紀中・後葉の六四〇年ないし六五〇年以降後半にまたがる編年とします。

第一例では五世紀のいわゆる「倭の五王」の歴年を考慮しても、一世代平均としてさほど短いとは思われませんが、しかしはたして四世紀近い期間にわたって整然と一系列一世代一基が続いたのかどうか、いささか疑問が生じます。

また第二例については、これも今富塚・海保大塚から山王山⑭・鶴窪⑮までの二世紀におよぶ間、つねに主・副一対の組み合わせということは、いかにも納得がゆきません。一世代間に複数の古墳造営はあって当然と見られましょうが、はたして首長墳・副首長墳という捉え方が妥当なものかどうか、これも疑問です。たしかに二子塚④にみられるように、後円部前方部への二ヶ所の埋葬もありますが、一世代の期間で、副首長というようなものではなく、首長近親者の古墳を別に築造することもあったとみるべきです。首長氏族あるいはその集団の勢力の隆盛時にはこうしたことも可能でありましょうし、上海上氏族の勢力では決して考えられないことではありません。それはまた同時に、第一例にもあてはまる解釈です。

ほかにこの主・副一対の古墳築造という考え方からすると、先に述べた原一号墳⑮と山王山古墳⑭の理解困難な築造時期の問題以外に、山王山⑭—堰頭⑰と続く極めて大きな落差をどう理解したらよいのか、これも問題となりましょう。

詳細に見てきますと、このように二者いずれの場合でも疑問が出てきます。それは単に未調査古墳が多いということだけではなく、この姉崎・椎津地区の古墳の態様だけでは結論づけられない問題をはらんでいるということであろうと思われます。例えば、四世紀末あるいは五世紀初頭の時期、上海上から下海上が分割されたと言われます。同時期、下海上の地には三の分目大塚山古墳が造営されますが、上海上では今富塚山古墳（大型前方後円墳）のあと、大型とはいえ様式・規模の一段階おちる円墳の海保大塚が築かれた理由が、あるいはこうした分割という要因によるとする見方も、あながち的外れなことではないと思います。そうだとすると、海保大塚も当然首長墳の可能性も出てきますし、今富塚山古墳にしても、ストレートに天神山⑩、二子塚④につながる系譜か否か、あらためて検討してみなければならないでしょう。

目を南の馬来田国に転じますと、千葉県内でもっとも早く四世紀中葉に近い時期の前方後円墳とされる手古塚古墳は、小櫃川から少し離れた烏田川流域にありますが、この氏族と、馬来田国の中心にある高柳銚子塚古墳、祇園大塚山古墳の勢力とは、流域が異なること、その他副葬品などからみて、おそらくつながらないと思います。四世紀後半の比較的早い時期、養老川左岸下流域に進出した先駆的氏族集団が、養老川以北を勢力下におき、中総の盟主として今富塚山古墳が築かれるや、直ちに上つ海の上地域を二分して下つ海の上地域に同族を配したのが三の分目大塚山古墳であり天神山古墳⑩であったとすると、小櫃川流域は、高柳銚子塚古墳が同様の意味を持つでしょう。

要するに現段階では、主要古墳を一系譜として列記する編年にはあまりにも不確定要素が多いということです。本稿はじめに述べた主要古墳編年の諸論各説に従って考察してみましたが、筆者の結論は、不徹底ながら次の五段階に分ける以外にありませんでした。

(1) 前二期ないし前三期
今富塚山古墳、天神山⑩、釈迦山⑬、外郭㉞

(2) 前四期
二子塚④、浅間社⑤、妙経寺⑥

(3) 後一期
原一号⑮、原二号⑮、山王山⑭、鶴窪⑮

(4) 後二期
堰頭⑰

(5) 後三期
六孫王原⑯前方後円墳、同前方後方墳

いちおう古墳時代編年の各期に分けましたが、首長墳が両期にまたがっている場合もあろうし、この地区の先駆をなす今富塚山古墳がより四世紀中葉に近づく可能性も含んでおります。

こうした区分は列記編年と比較しますと漠然とした掌握でありますが、上海上氏族とその性格を追求するうえで、とくに齟齬をきたすとも思われません。

四世紀後半になって、養老川左岸下流域に展開した右岸と相違する新たな勢力が、五世紀中葉に当初の台地上から沖積地に移り、六世紀に入って再び台地上に戻ったまま古墳時代を終わったという推移のなかで、五世紀中葉の二子塚④までの首長墳を含む主要古墳に付随するように接近して存在する円墳が、五世紀後半以後には全く認められなくなり、こうした態様と軌を一にして古墳の規模が急激に縮小され、ついには六孫王原⑯前方後方墳にいたって群居して孤塁をまもるような一種衰微の形態をとります。

こうした変移は上海上氏族の内的な要因によるのみではなく、一系譜の経年的首長権を継承する氏族であるか否かを含め、首長権の性格が、ひいては氏族の消長が、五世紀以前と以後、さらに六世紀中葉からそれ以後、それぞれ画期的な外的要因がはたらいた結果であろうと思います。だが、上海上国一国をみるだけでは、肝心なところがみえてきません。

首長みずからの勢威を顕示するという古墳共通の意図は、ここ上海上国にあって、台地上のそれのように、沖積地における帯状に連続する古墳造営もまた海上に対する誇示だったでしょう。

では「上つ海の上」の地に強大な勢力を有した氏族に対する「外的要因」とはなんであるのか。

ここで改めて古代日本列島の歴史のなかで考察してゆく以外にありません。

第四章　上海上氏族の展開

二世紀末の女王卑弥呼擁立まで

ほぼ一万二千年前に、地球全体の低温期が終わって日本列島が大陸から隔離され、その後約一万年前からはじまる縄文時代は高温期と呼ばれる時代であり、東南アジアあるいは中国南部の民族分布は、大陸北方や朝鮮北部まで広がっておりました。縄文前期から晩期の遺跡は市原市姉崎・椎津地域の台地上にいくつか点在しますが、前期遺跡は後晩期と比較して少ないようです。

やがて縄文も晩期のころ、地球上に寒冷化が生来しますと北から民族の南進がおこり、南方の民族はこれに圧迫されてさらに南下します。

東南アジアだけをみても漢民族の南下による中国南部の民族の移動、北方ツングース系の朝鮮半島進出による韓民族の南下という事態をひき起こします。周王武は殷を滅ぼしたあと、殷王の一族を封じて箕子朝鮮をつくります。この時期、半島といわず日本列島にも中国から、あるいは半島からの人の移動移住が起こり、これが弥生時代の幕開けでありました。

前五世紀中葉、日本では弥生前期の終わり近く、中国では春秋時代から戦国期に入ろうとする時期に越が滅亡、その後中国北部、朝鮮半島にひろがっていたこれら中国南部の民族は祖国が滅ぼされたあと、斉を破って北部朝鮮から南部にまで浸透した燕によって圧迫されます。これが前三世紀初頭といわれます。ちょうどその頃主として列島西部で青銅祭器の墳墓への埋葬がはじまり、鉄器が出現します。奈良県唐古・鍵に周溝を巡らした集落が出現します。

こうした時代、文化を携えて列島に渡って来た人々は中国南部の越の民族とも、あるいは大陸南方の民族が直接海を渡って来たとも説かれておりますが、おそらくそのいずれでもあったでしょうし、倭国内にあっても文化の伝播というものを考えれば、人々の移動をまったく無視するいわれはありません。四海に囲まれた列島での移動移住には海路を考える以外にありません。もともと船を操ること、航海に長けたこうした人々は、以後列島内にあって単に稲作文化の移動にかぎらず、それぞれの時代に、時代を変える勢力として重要な役割を担うはずです。

前二二二年、燕は秦に滅ぼされ、始皇帝によって中国は統一され、のち漢によって秦が滅亡すると前一九五年、漢は一種の傀儡政権である衛氏朝鮮を建て、漢人は朝鮮南部の地にまで移住して来ます。しかしこの国が強大になると武帝はこれも滅ぼして、前一〇八年、半島に楽浪、臨屯、玄菟、真番の四郡を設置することになります。「郡」とは「郡・軍」の意で、郡の大守が任命されて軍事色の強い行政が行なわれるところで、一種の軍政下です。

主に北九州では銅利器の、近畿では銅鐸の鋳造がはじまる時期が、漢が半島を征服したこの時期です。銅利器にしろ銅鐸にしろその源を求めることはできましょうが、列島内ではいずれも祭器として使用されます。

殷王朝の滅亡による中国からの列島あるいは半島への移住が弥生時代の幕開けとかさなり、それから約八世紀を経た漢の半島征服が銅器の製造と軌を一にしているのを、単なる偶然の一致とするほど、倭国は半島と隔絶した地帯ではありません。このときも新たな人と文化の移入を考えるのはそれほど無謀ではないでしょう。近畿では大阪池上・曽根の大集落があらわれ、北部九州の土壙墓・甕棺墓とは異なる周囲を溝で囲った方形の周溝墓が現れます。そしてほどなく稲作は列島西方から東国まで拡大してゆきました。

前八二年、もっとも倭国に近い半島南部の真番郡が廃止された約三十年後の前五〇年になりますと、倭人は海を渡ってのちの新羅と呼ばれる半島東南部の辺境に出没するようになります。当時の倭人は半島南部沿岸にもいて、新羅侵攻もこうした人々によるという説がありますが、多分海人の多い隠岐、対馬、玄界灘沿岸の北部九州、それと後の展開を考えればおそらく出雲を中心とする日本海沿岸の人々も加わっていたでありましょう。『三国史記』新羅本紀には、以後「倭の兵船百余隻民家を略奪」などと倭人侵攻の記事が頻繁にあらわれます。そして漢武帝時の前三三年には、早くも倭人は漢と通交するようになります。『漢書』地理志燕地条に記します。

それ楽浪海中に倭人あり。別れて百余国となす。歳時をもって来たりて献見す。

記すところの倭国が百余国に分かれていたというのは「多くの国々」の意であろうと思いますが、その国も、いわゆる都市国家のような国でありましょう。しかしこうした国々がみな競って漢に「献見」したというのではなく、やはり航海に長けた有力な氏族か、多くの国々のなかの盟主国か、そして多分に列島西部の国々が地域的なまとまりをみせて、漢と通交する権益を「献見」する国に委ねたということでしょう。その国はほかの国々と比較して強大な勢力を有していた国であったということになります。

後漢光武帝が中国を統一した二十年後の五七年、倭は再び中国に遣使しています。朝貢した倭の使いに対し、光武帝は「漢委奴国王」の金印を授与しております。すなわち『後漢書』倭伝に、

建武中元二年倭奴国奉貢賀す。使人自ら太夫と称す。倭国の極南界なり。光武賜ふに印綬を以てす。

とあります。江戸時代の天明四年、福岡県志賀島の岩陰から偶然発見出土された金印（現国宝指定）であるとされます。

光武帝本紀には「中元二年春正月辛未、東夷倭奴国王」とあって、金印の「委奴」はまた「倭

奴」、「奴国」は「なこく」と読み分けております。博多市・春日市の区域に比定されておりますが、地理的理由からしても北部九州の地は大陸文化の摂取において先進地で、また後述しますが環濠集落・高地性集落の時期的発現と消長を考慮しても、おそらく奴国は列島西部、限定して考えても玄界灘、有明海、周防灘から播磨灘沿岸の国々の盟主国であったと思われます。

こうした中国との接触が深まるにつれて文化の導入も進んだとみえ、北部九州から近畿にかけた地域に様々な交流が行なわれるようになりました。北部九州にみられた鉄器の製造が、一世紀末ころにはすでに九州東部の豊前や瀬戸内沿岸の吉備地方でもはじまります。また運ばれた中国の銭貨は瀬戸内沿岸を経て近畿にも流入しておりますし、日本海側では丹後の地にも入ってきております。とくに農耕鉄器によるとみられる本格的な集落が九州から東方の各地につくられ、また東海の一地域にも拡散してゆくようになります。

北部九州の銅利器が吉備であらわれ、また豊前の地に吉備系土器があらわれるなど、この時代、瀬戸内沿岸の地域は北部九州と一つの連合文化圏を形成していたとみられます。そしてここでもまた海人勢力が重要な役割を担ったはずです。

すでに近畿、東海にあった方形周溝墓が関東にも一斉に現れるのがこうした時期で、おそらく列島西部の一地域における同一の習慣と祭葬儀礼をもった勢力の、集団的移住もあったのではないかと考えられます。この時期になりますと、周溝墓上に多少の盛土を施した墳墓も現れるようになりましたが、銅利器や玉類、前漢鏡などの埋葬が行なわれていた九州とは相違して、瀬戸内沿岸のこうした墳墓には銅利器と、例外的に玉類以外見るべき副葬品はありません。

前述した交流拡散と言っても、平和裡に行なわれたわけではなさそうで、武力衝突を伴っていたであろうことを証するように、高地性集落や環濠集落という特異な機構をもった集落の存在を、多くの考古学資料は教えております。

高地性集落とは、山頂や台地背稜上に空堀や土塁のような軍事的とみられる施設を備えた集落が、ある時期に、ある地域にわたって同時的に発生しては突然消えてなくなるもので、その出現と終息は、弥生時代全期を通じて幾度か認められます。いちばん早期には弥生時代初期に九州西北部に限って出現しましたが、前期末の一時期には九州北部から瀬戸内沿岸の範囲にみられるようになり、弥生中期中頃には瀬戸内を中心として九州から関東の広範囲にあらわれ、それが前述した全国的な諸文化の交流をもたらしたのではないかと考えられております。

高地性の環濠集落は、防御のほかに高所から低地に侵入する敵を攻撃するという、当時としては極めて攻撃的な面もあって、それらの遺構からは石簇、石槍、鉄簇などの武器が出土し、九州吉野ケ里遺跡では損傷を受けた人骨、首のない人骨などがいくつか発見されております。また南関東などで発見される環濠集落の被災した住居跡なども、こうした抗争によるとみられております。しかし抗争といっても、徹底的に相手の氏族を壊滅させるというものではなかったと思います。それほどの武器の質と数でもありません。敵対する相手の首長級の殺傷はあったでしょうが、あとは和合、融合、併合という、相手側を包含従属させてしまう程度のものであったと考えられます。

毛尻遺跡などの姉崎台地に点在する方形周溝墓は、弥生中期のこの時代から築造がはじまり、養老川中流の南総地域における四隅の切れた周溝墓群をかかえる集落跡も、この時期ここに拠って周辺の河川敷を耕地とした集団のものであったと思われます。南総地域ほどではないにしても、全国的な拡散移住規模のなかで、姉崎地域にもなにがしかの新しい勢力が移住して来たことがわかります。椎津川（境川）の左右にひろがる台地に挟まれた谷津田を主たる耕地とする集団もあったとみます。

その後大陸では朝鮮北部の高句麗の勢力が増大して後漢との攻防がはじまります。同時に、『後漢書』安帝元年（一〇七年）十月条に倭国からの朝貢を記します。

安帝の永初元年、倭国王帥升等、生口百六十人を封じ請見を願う。

中国文献（『翰苑』・『通典』）によれば「倭面上国王帥升」「倭面土地等帥升」「倭面土国王帥升」などとあり、また『釈日本紀』には「倭面国」とあります。「倭」もさきの光武帝時のように「委」とも記しますが、古く「倭もまた委に作る」とあるように、倭・委相通じ「ゐ」と発音されていたといわれております。そこでこれを「倭面土＝ヤマト」と読む説と「倭面＝イト」と読む説の二様があります。現在は大方「イト」と読む説が通説となっているようで、「イト」国、すなわちそれを福岡県糸島郡の地域に比定しております。

さきの倭の奴国の場合朝貢したのは「使人」でしたが、今度は「国王帥升等」と複数の人物を記します。おそらく楽浪郡に行って請見を願い出たということでしょうが、国王帥升等とあるところをみますと、帥升自身やほかの国の国王もあるいは含まれていたことが考えられます。いずれにしても「イト」（伊都）国王帥升をもって倭国代表格とみていたことがわかりますし、北部九州、あるいは前述の文化圏を考慮すれば、この時点ですでに中部瀬戸内沿岸の吉備を含めた各地の首長勢力は、「イト」（伊都）国王を連合体の代表格としていたことになります。但し「イト」国王がはたして連合体倭国の外交特権をもつ盟主、連合倭国の王かと言うと、そうとも断定できません。帥升はあくまで「イト」国王であり、「帥升等」とほかの国の人物の同伴も考えられます。いや、『後漢書』は明確に「倭国王帥升」とあるので、帥升は連合体の王以外に解釈する必要はないという説もありますが、本稿では「……等」の記述に拘泥し、弥生後期はじめの日本列島内の国々は各国併存という微妙な平衡関係にあった可能性を指摘しておきます。

高地性集落、環濠集落にあらわれるような抗争を経て、倭国連合体の代表格たる国は奴国から伊都国に移り、そしてこのとき「漢委奴国王」の金印は志賀島の磐坐《いわくら》に納められる運命を辿ったということになりましょう。一説にはしかし「委奴国」も「倭面土」も同じ「イト」国であるともいいますので、その説だと「漢の委奴国」「漢の倭面国」となって倭の国々はすべて漢の外蕃ということになります。こうした各国併存の平衡関係が読みとれます。

いずれにしても、これに続く二世紀前半のこの時期は、少なくとも中国後漢の権威を後楯にする伊都国王をはじめ九州・瀬戸内沿岸諸勢力の平衡併存関係の成就、いうならば西方連合の成立と、もう一つ、武器を含む各種鉄器の所有という新たな段階を迎えたとみます。

日本列島のうち近畿以東については、さきの方形周溝墓、あるいは鏡等の祭具とは異なった銅鐸使用にみられる文化圏の相違がありますが、近年の近畿各地の弥生大集落の発掘調査の結果からみますと、この近畿地方が東西勢力の接点であったことが分かります。例えば面積二五万平方メートルと言われる奈良中部の弥生前期からの環濠大集落である唐古・鍵遺跡では、東は三河・駿東から西は吉備にかけての土器や祭具の一部が発見されていて、これら東西地域との交流があったことを証しております。

このころになりますと方形周溝墓の盛土もはっきりしてきて、形状も養老川中流の南総地域に見られるような四隅の切れたもの、矩形のものなどが現れ、北部九州には円形の墓も現れます。集団墓の一つであった周溝墓も、首長権の成長とともに、墳形の様相が次第にこれに準ずるような形態をとりはじめたのです。

やがて二世紀中葉以後、大陸では後漢の勢力が衰微し、かわって高句麗の勢力が強大になり、帯方郡や遼東・朝鮮半島南部をも巻き込んだ抗争が激化します。混乱の楽浪郡から半島南部などへの住民の流出が増大しますし、『三国史記』高句麗本紀によりますと、この傾向は三世紀になってもなお止まらず、後漢人多数が高句麗に投降したと記されております。この時期倭国への移住があったか否か定かではありませんが、漢人などの渡来を考えるほうが自然でありましょう。同時期、倭国内もこれに影響されて、たいへんな騒乱を呈します。そしてそれを証するように、再び高地性・環濠集落の発生をみるのですが、その範囲は弥生中期の頃と違って、瀬戸内沿岸の吉備以東から東海・北陸地域に多く発生し、次第に東進してゆくようになります。

こうした傾向をみますと、どうやらひと足早く成立していた北部九州と吉備を含む瀬戸内沿岸の、さきに記した列島西部連合が、近畿・東海・北陸、さらには関東へ拡大していったという解釈が成り立ちます。また東海地方の一地域で、すでに弥生時代前期に北部九州系の遠賀川式土器が使用されていて、その地域にあったと同じ勢力が東海に拠っていて、東方との接点になっていたものと考えられますので、おそらく関東の騒乱も列島西部と同時連動でありましょう。

有名な中国の『三国志・魏志』東夷伝倭人条（以下倭人伝）はこう伝えます。

その国（倭国）本また男子を以て王となし、住まること七、八十年、倭国乱れ、相攻伐すること歴年、乃ち共に一女子を立てて王となす。名づけて卑弥呼という。

また『後漢書』に曰く、

桓・霊の間倭国大いに乱れ更々相攻伐し歴年主なし。一女子あり、名を卑弥呼という。年長じて嫁せず。鬼神の道に事へ、能く妖を以て衆を惑わす。ここにおいて共に立てて王となす。

「本また男子を以て王となし」というのは、先の列島西部連合のなかの王を指すとすれば、永初元年（一〇七年）から七、八十年後ということになります。後漢桓帝の即位は一四七年、霊帝期は一六八年ないし一八八年ですので、倭国の大乱の時代は二世紀中葉過ぎから後半ということになります。同時期に出現した瀬戸内沿岸から近畿・東海・北陸にかけて濃密に発生した高地性・環濠集落を、この倭国大乱の証しとみます。そしてほぼ一九〇年代はじめにかけて女王卑弥呼を擁立したわけですから、さしもの大乱も、少なくとも列島西部では二世紀末に終息したものと思います。当然のように近畿以西から高地性・環濠集落は姿を消します。しかし東海以東については、先にも記したとおり発生の遅れに伴って、終息期もほぼ三世紀中葉過ぎ、後期に入る頃まで東進します。

ところで倭人伝には「女王の都するところ邪馬台国」とありますが、その所在についてははっきりわかっておりません。「女王国より以北、その戸数・道程は得て略記すべきも、その余の旁国は遠絶にして詳かにすべからず」とあります。しかし邪馬台国にしても略記の国にしても方角や里程、日程の記載が統一された記述になく、距離も中国流の白髪三千丈式の記述のようで、こうした正確を欠いた記述から諸説諸論を生み、そのため邪馬台国の所在も九州説、畿内大和説や筑紫大和説等々と定説がありません。百五十年以上にわたっていまだに邪馬台国探しが続いておりますが、決定的な遺品や銘文などが出ないかぎり、倭人伝のみによる不毛な邪馬台国所在論はいまだしの感があります。

二世紀末、つまり一八四年、中国ではいわゆる「黄巾の乱」が発生、邪馬台国女王卑弥呼擁立前後の一八九年には遼東大守・公孫度が後漢から独立し、二〇二年に後漢が滅亡した二年後の二〇四年、公孫康は楽浪郡の南半を割いて帯方郡とし、韓・歳を討ち、『三国志・魏志』漢伝によれば「この後倭・韓ついに帯方に属す」ことになります。

公孫氏勢力と倭国との交流は残念ながら記されておりませんが、こうした記述とそれまでの楽浪郡を通じての中国との交流を考えれば、以後公孫氏との接触交流はあったとみられます。たしかに記録はありませんが、それは「帯方に属す」のなかに言い尽くされているのと、黄巾の乱、後漢滅亡と公孫氏の台頭などの混乱により、半島・倭国との接触が帯方郡によって遮られた結果です。大乱後のこの時期、玄界灘や山陰北陸沿岸の首長が、それぞれ独自に半島や公孫氏勢力と接触した可能性も考えられます。これはこれらの地域の出土品からみての推考です。

三世紀の倭国

中国では二二〇年に文帝が魏朝を興しますが、帯方郡は依然として公孫氏勢力のなかにありました。翌二二一年、中国西部に蜀が、二二九年には孫権によって呉が建国され、いわゆる三国時代に入り、三国の勢力争いはここで公孫氏と新たな三つ巴四つ巴の確執を生じます。これまた「帯方に属す」倭国に影響あって当然です。

こうした抗争は列島内でも激しい社会的変動を誘発します。ようやく大乱が収拾しても、国の権威が依って立つ中国朝廷の存亡と混乱に、おそらく不安や危機感が生じたと思います。連合体制の新たな権威への志向が社会変革への動きとなって、列島内に拡散してゆきました。その重要な動きの一つが、列島連合倭国の主要氏族を巻き込んだ拡散、移動移住をも伴う拡散と、祭政の基調をなす信仰形態の変革です。そして、墳墓の形態に変化があらわれました。

従来からみられた墳墓の盛土はここにきてさらに高く大きくなり、同時に各地域でそれぞれ形態に特徴のある墳墓があらわれることになります。山陰では表面に石を葺き方形の四隅に突出部をもった墳丘墓が北陸・越への展開をみせ、東海濃尾では方形周溝墓の一方に生じた陸橋部が発達し、前方後方形の墳丘墓が近江・山城・摂津から近畿中央へ、また吉備・播磨、その対岸の四国沿岸では木槨・木棺埋葬の円形の一方あるいは両翼に方形の突出部を有する前方後円・双方中円形墳丘墓がいずれも近畿中央への展開をみせます。吉備では円形主体の墳墓のほかに前方後方形も認められるなど、列島中央地帯で後方形、後円形がそれぞれ錯綜するという様相を示しはじめます。つまりは列島西部の円形主体の勢力と、近畿を含む近江・東海濃尾の方形主体の勢力が、氏族独自の墳形をとりながら、列島中央付近で錯綜して展開するという状況でした。二世紀末から三世紀初めにかけての推移であります。

この動きはさらに祭葬用具の推移も引き起こし、吉備の墳丘墓には「特殊器台」と呼ばれる特異な円筒埴輪や壺形埴輪が祭葬用に使用されるようになりました。こうした祭葬儀礼の変化に加え、さらに祭祀具全般の変革が広範囲に発生しました。列島一体に分布していた銅鐸や銅矛がまず吉備で、出雲で、やがて近畿以東でも廃絶されて地中に埋蔵され、二世紀末から三世紀に入ると、ひろく九州にあった舶載鏡が、腕輪などの特殊な装身具とともにその分布の中心を完全に列島中央地帯の近畿とその周辺に移します。

これらは単に墳丘の形態的変化とみるよりは、まさに祖霊に対する信仰形態の変革、そしてそれはまた女王卑弥呼擁立によって生じた、必然的な社会的政治的変動を伴う性格のものでした。

中国から搬入されたいわゆる舶載鏡の名称は裏面の文様によって分類され、いくつかの呼称が与えられております。弥生時代前期の終わり頃もたらされた多紐細文鏡は九州以外に近畿にも少量入っておりますが、弥生中期から搬入量が増した前漢鏡のほとんどは北部九州に留まっております。その後方角規矩鏡、内行花文鏡、斜縁神獣鏡と次第に近畿への搬入が増し、二世紀末から三世紀に入った時期の画文帯神獣鏡に至ってはほとんど九州にはなく、近畿を中心にして吉備以東に偏在するようになります。

これらの後漢鏡や三国鏡のあと、三角縁神獣鏡が近畿を中心に全国的に多くみられるようになるのは、それからさらに半世紀近く経った三世紀中葉から後葉になってからです。

こうした各種多量の鏡は中国から舶載された鏡のほかに、列島内で仿製されたものもありましょうし、公孫氏勢力の帯方郡や楽浪郡から入ってきた鏡もありましょう。倭が帯方に属したこの時期、呉と公孫氏、高句麗との密接な交流を考えれば、当然倭とも交流があって不思議はありません。また鏡に刻まれた製作者名や銘文などからみて、呉からの舶載、または倭国に渡来した呉人による製造も、十分考慮に入れておかなければなりません。少なくとも魏朝との交流のはじまる以前の鏡も、当然あって然るべきです。鏡だけでなく、人も文物も同様です。この点についてはまた後述してみます。

鏡がどのような経路で倭国にあらわれ、列島内のいずれの地域にその分布の中心があるかという問題は、単に鏡だけの問題ではなく、「倭国大乱」の、ひいてはその後の社会的変革の原因とも、あるいはまた次の時代との画期とも関連する問題です。鏡は首長権威の象徴とみられるからであり、その集中する地域こそ強大な勢力の存在が想定され、ひいては祭政の中心勢力の拠った地域とみられるからです。

土器の考古学的編年からこの時期をみてみますと、列島西部地域から高地性・環濠集落が姿を消した大乱直後の二世紀末から三世紀はじめにかけて、北部九州から瀬戸内沿岸を経て近畿の地域まで、土器の形式がみな一様に近似してきます。同地域間の交流が活発化してきたことを伺わせます。具体的にみますと、瀬戸内の吉備系土器が北陸へ移動し、河内・近畿中央付近の土器は相互に交流し、また吉備以西への土器移動は河内を起点としているようにみられ、東海以北では列島西部より若干遅れて三世紀前半から中葉にかけて、東海濃尾や北陸系土器に混じって近畿中央部の限定された地域の土器が関東・東北南部へ流入するようになります。土器とともに、高地性・環濠集落の消長も同じ推移を辿ります。

本稿で述べる養老川流域に関係することで注目しておかなければならないのは、三世紀前葉からみられる関東・東北南部への土器の拡散が、養老川流域では僅かながらこれより早いとみられていることです。東海地方最大の、また唐古・鍵遺跡より大きな弥生集落である朝日遺跡が二世紀末に消滅しますが、その直後、駿河湾沿岸に庄内系という大和・河内に中心のある土器が集中する集落があらわれます。これとほとんど同時期に、近江・駿河をとび越えて、養老川流域にも東海系土器が、また数は少ないながら庄内系土器も入ってきております。これは単に養老川流域だけではなく、北部九州や北陸にも河内や東海系土器がある拠点にあらわれるという養老川流域と相似の現象があり、つまり倭国大乱後の変化がいち早くこの養老川流域にも及んだということで、列島西部勢力の、というより近畿、あるいは新たに東海に拠った有力勢力の拠点的浸透（あえて征服、制圧とは申しませんが）、進出があったことをうかがわせます。そしてそれは房総中部の地理的位置からみて、多分に陸路よりは海路による進出であったと思われます。幾世紀にもわたって玄界灘、周防灘、瀬戸内海、紀州灘を往来したであろう海人に、東方の海域が見えないはずはありません。墳墓の大型化、特殊な装身具や鏡などの分布の推移と全国的な土器の流通は、一時代前の方形周溝墓の拡散と同様に、当然こうした人の移動移住を考慮しなければ説明できません。

卑弥呼擁立後、列島内は女王を中心に、諸勢力の激烈な社会的変革の坩堝にありました。二〇二年には後漢が滅亡します。おそらく中国の権威の喪失は、直接には大陸との接触機関であった楽浪・帯方郡の混迷を引きおこし、倭国内の鉄取得権益という、この時代最大の外交特権の変動をもたらしたと思われます。

遼東では、魏朝に対抗する公孫氏勢力の呉との接触と離反等の確執のあと、高句麗も呉と接触を図っております。東シナ海や黄海が重要な通路となったということは、同じ海域でつながる列島倭国に公孫氏や高句麗、呉との接触が全くなかったとは、どうしても思われません。前にも記しましたように、たしかに公孫氏と倭との具体的な接触は中国国書に記されてはおりませんが、それは、以後はすでに「倭・韓ついに帯方に属す」に言い尽くされているという認識があったためではないでしょうか。帯方を記すなかに倭も韓も入っている、帯方と呉との複雑な接触も一括して倭も韓も、という意味に解してみてはどうでしょうか。

この三世紀前後の時代はその後の倭国の歴史にとってとくに重要であり、「帯方に属」したというその「帯方」なる勢力は、大乱後の倭国に直接大きな影響を与えているはずです。

帯方との交流は具体的記述として歴史上にあらわれて来ませんが、大乱後の混乱期に乗じ、玄界灘や山陰・北陸沿岸の有力首長たちが、独自に帯方や半島と交流していたからではないかという疑いが消えません。これら地域の出土品から推定される実態です。

こうした様々な経緯のなかで、前述した一〇〇万平方メートルほどにはまだ拡張しない初期の纏向遺跡のなかに、全長九三メートルというかつてない大きさの纏向石塚という墳墓が出現し、その後周辺の地に矢塚、ホケノ山、勝山、東田大塚などと呼ばれる同形の墳墓が築かれます。

こうした墳墓には吉備で製造された特殊器台、同壺という埴輪、あるいは弧文円板などの祭葬用具も確認されていて、吉備の地と深く関係する氏族か、交流の濃い氏族の墳墓であることが想像されます。

石塚の築造年代については三世紀前葉、遅くとも中葉前の墳墓で、古墳と呼ぶべきではなく、前方後円（方）形墳丘墓と称すべきとする人が多いなか、数度に及ぶ発掘調査結果から、三世紀はじめのうちにおさまる時期の築造とする見方が有力です。

石塚周濠から出土した木材中の放射性炭素14測定の結果は、木材の伐採期年代を二世紀末から三世紀のはじまる頃としております。本稿ではその墳形は三世紀前葉、前方後円（方）墳の祖形であることと、前述したように、三世紀はじめを弥生時代の終焉とみる立場から、石塚を通説に依らず出現期の前方後円墳、それ以後をいずれも古墳として記述いたします。

それから数十年と差のない三世紀中葉に、南関東の地・房総では養老川右岸下流域の国分寺台地縁部に石塚と同形の神門五号墳が築かれ、以後四号墳、三号墳と続きますが、これら三基の神門古墳群は三世紀後半のうちにその築造を終了したといわれております。同時期、北部九州から吉備・近畿にかけて、前方後円（方）墳のいくつかが築かれますが、その築造期は前述の土器拡散の状況と重なります。この場合の古墳築造は、石塚と十数年前後の差を数えるのみではないかと思われます。

石塚と同形とは、ほぼ円形の盛土に非常に短い前方部を有する墳丘で、その前方部も詳細に見てみますと、石塚のように前方部が三味線の撥のかたちに先端が広がっているものと、勝山古墳のように長方形をしているものとがあって、こうした形状の相違は単に造営時の寓意ではなさそうで、石塚以後も、各地で各々二様の形態がとられております。

さて、二三八年になってようやく中国魏朝は公孫氏勢力の遼東を従えて、楽浪・帯方を支配するようになります。そしてそれを待つかのように同年（あるいは二三九年）、倭国連合王卑弥呼は難升米、牛利という二人の人物を魏に遣使朝貢し、以後約半世紀に及ぶ中国との交流がはじまります。

二三八年、二四三年、二四四年、二四七年と度重なる卑弥呼からの使者に対する魏朝からの「親魏倭王」の冊封は、当時、呉、高句麗との勢力確執がもたらす、魏朝の政略であったという説があります。従って当初倭国からの貢物に比して五尺刀二口、銅鏡百枚等々の贈与は、量質とも倭国のそれを凌駕するものでした。

ところでその倭国にもたらされた銅鏡百枚ですが、鏡の種類については記されておりません。のちの三角縁神獣鏡に関係しますので、ここで少し検討します。

現在まで各地で保存されている、または発掘採取された記年銘鏡をみますと、黄初二年（二二一年）、黄初三年（二二二年）、黄初四年（二二三年）、黄龍元年（二二九年）、青龍三年（二三五年）、赤烏元年（二三八年）、景初三年（二三九年）、景初四年、正始元年（ともに二四〇年）、赤烏七年、正始五年（ともに二四四年）、甘露四年（二五九年）、甘露五年（二六〇年）、景元四年（二六三年）、元康？年（二九〇年代）などがあります。このうち三角縁神獣鏡は三分の一、わずかに五面に過ぎません。また呉の年号「赤烏」、晉の年号「元康」を記す三角縁神獣鏡もあって、魏、呉、晉にまたがり、さらに魏の年号にない景初四年という鏡もあって、こうしたことからこれらの鏡は、三角縁神獣鏡を含め、そのすべてが魏朝からの下賜鏡百枚であるとは到底思われません。ですから前述したように呉国・呉人あるいは帯方、また晉や倭国内での鋳造も考慮しなければならないのは、三角縁神獣鏡も例外ではありません。

二四七年、こうした親魏の国・倭国女王卑弥呼が国内において狗奴国と争うようになると、魏は帯方郡の属官を倭国に派遣し、郡旗を授けて檄を伝えることになります。その間の様子を再び『倭人伝』の記すところで見てみます。

その年八年（二四七年）大守王頎官（洛陽）に到る。倭女王卑弥呼、狗奴国男王卑弥呼と素より和せず。倭載斯烏越等を遣し郡に詣で相攻撃する状を説く。塞曹掾史張政等を遣わし因って詔書・黄幢を齎し、難升米に拝仮せしめ檄を為り之を告喩す。卑弥呼以て死す。大なる冢を作る。径百余歩。殉葬する者奴婢百余人。更に男王立てしも国中服せず更々相誅殺し当時千余人を殺す。復た卑弥呼の宗女壹與年十三を立て王と為し国中遂に定まる。政等檄を以て壹與を告喩す。壹與倭大夫率善中郎将掖邪狗等二十人を遣わし、政等の還るを送らしむ。因って臺に詣り男女生口三十人を献上、白珠五千孔、青大句珠二枚、異文雑錦二十匹を貢ぐ。

女王卑弥呼の死については種々の説がありますが、「以て死す」は前文の「檄を為り之を告喩す」

をうけた文章ですので、張政の告喩の結果死に至ったと解すべきです。つまりその死は「鬼神の道に事へ」る巫女王としての霊位を、狗奴国との戦いのなかで失墜したということで、自死か否かはわかりませんが、いずれにしろ突然死です。そしてその後男王を立てたが倭国中の承認を得られず、連合内で千余人を殺すような紛争となり、そこで再び卑弥呼の系譜から十三歳の壹與を立ててようやく収まったとしています。『魏志』は「委書三十一」の八行目に「宗女壹與」と記します。

その魏朝も二六五年晉に滅ぼされると、すかさずその翌年、女王壹與とおぼしき王は晉に遣使していることが『晉書』に記されておりますし、『梁書』にも次の記述があります。

正始中（二四〇年～二四八年）卑弥呼死す。更めて男王立つも国中服さず。更に相誅殺す。復た卑弥呼の宗女壹與を立て王と為す。其後復た男王を立て並びに中国の爵命を受く。

卑弥呼の死亡は二四七、八年頃、承認されなかった男王を間に挟んだ壹與の継承は三世紀中葉と推定されます。卑弥呼の死で径百余歩もある大きな冢をつくった場所は定かでありませんし、墳型も記されません。また国中服さなかった男王が卑弥呼の男弟であったか否かもわかりません。はたして張政帰国までに冢が完成したか否かも知り得ませんが、大きさ、殉葬などの記載があるところからみて、おそらく大冢の築造はおおかた完成の域にあったと思われます。壹與の晉への遣使が二六六年ですので、張政魏国への還送が二五〇年代から二六〇年の間と推定しますと、大冢築造なったとしても、「大きさ径百余歩」が径か全長かを含め正確な数値か否か、摑みようがありません。百余歩としますと九〇メートル前後の数値が考えられます。後円部の径か、いずれにしろその墳墓の大きさにもよりますが、築造期間は三世紀後葉のはじめのなかにおさまるはずです。

中国晋朝の内紛によって倭との接触機関であった帯方郡がなくなるのが三九一年ですので、女王壹與のあとの男王が冊封されたのは、帯方郡の消滅する前とみられます。つまり晋への遣使の二六六年から二十年余の間、この間の男王冊封は女王壹與の死か譲位によります。壹與は十三歳で王位につきますので、二十年足らずのうちに死亡したとは考えにくく、これは女王壹與に侍する男王への譲位であったとみます。従って壹與の墳墓はおおよそ男王治世の三世紀末となります。

ところでここで一、二、中国との交流で疑問に思うことがあります。一つには「漢委奴国王」の金印は偶然志賀島で発見されておりますが、権威の証明たる卑弥呼への「親魏倭王」の金印は、壹與や男王に継承されたのか、あるいは別に賦与されたのか、記載がありません。難升米、都市牛利、掖邪狗などへの「率善中郎将」「率善校尉」などの銀印などとともに、いまだにどこからも発見されておりません。またこの倭国から派遣された印綬の対象とされた人物は、倭国女王側近の者か、あるいは女王側近の人物とは限らず、連合倭国内の、例えば九州の伊都国王や奴国や対馬国王でも、また吉備や河内や北陸や東海や、そして近畿内の他の国のどこかとも、十分考えられます。金印や銀印は偶然以外に発見されないのでしょうか。

二つには遣使の時期です。これまでの中国に対する倭国からの遣使朝貢をみますと、まず前三三年、その次に五七年の奴国、次の一〇七年の伊都国王帥升ら、さらに二三八年の卑弥呼、二五〇年代と推定される張政帰国と二六六年の壹與、そして加えるならば三世紀第4四半期の男王というように、卑弥呼からの度重なる朝貢使を除くと、どうも倭国の代表権交代の度に、ということは新たにそれを承認し冊封する度に、これを史書に特記したもののようにも受けとれます。もしそうであるなら壹與のあとの男王の爵命も、以後の歴史に十分意味をもってきます。つまりそれは三世紀の第4四半期、共立の女王のあとに、時代の転換を窺わせる男王交代が列島内であったということです。

次の疑問は言語です。倭国からの使者はそれぞれの時代に中国本土、帯方郡あるいは公孫氏勢力と接触しますが、はたしてどんな「ことば」を用いたのか、まったく分かっておりません。通詞の存在は十分考えられますが、倭国内の女王側近や伊都国に渡来の通詞の常住以外に、ある程度言語の理解者はいたのではないかと思います。『倭人伝』には気候や植生や民族的な記述が含まれていて、人名や職名に漢字を当て、しかも多分に卑語に類する表意語であるところをみると、ほぼ正確な理解ではないとしても、通詞の存在もさることながら、使人を含めて一応通じたとみます。ただ卑弥呼や壹與に与えた檄文は倭人側に理解されておりますので、中国人の存在も否定できません。伊都国周辺には交易の漢人が多く居住していたという説もありますし、璧片の出土からも渡来漢人の姿が窺えます。広大な中国全土を考えれば単に半島からの渡来だけでなく、大陸から、あるいは帯方からの人の流入も当然でしょう。弥生から古墳時代のはじめの時期には、大陸でも遼東や洛陽の言語と江南の言語に相当のひらきがあったようなので、縄文人まではともかく、弥生以後の倭人のなかにはどちらかというと中国南部の、しかも古い言語を話し、理解する人々もいたのではないでしょうか。

ともかく列島内の倭人すべてがそうであったかどうかは別として、大陸の言語、中国の文字を読めた、聞いて理解できた人々がいたということは否定できません。古代の日本に文字はなかったといわれます。大陸の言語や文字に接しているこの三世紀の時代、はたして倭国では文字を必要としなかったのでしょうか。いまのところもっとも古い文字使用は五世紀の金石文ですが、意を違えずに使用しているところをみますと、中国の文字には相当古くから馴染んでいたと思われますので、倭国の文字使用の歴史はずっと遡るのではないかと考えられます。

それにしても二世紀後半の大乱、また三世紀中葉の王位の変動を含む狗奴国との、あるいは連合国内での抗争、そして三世紀後・末期の新たな男王の出現、いずれも後漢、魏、晉というその時々の中国の権力構造衰退のなかで発生していることは、先進文物の積極的な摂取と中国皇帝の冊封による権威付けが国の成立に密接に関係しており、さらにまた楽浪・帯方・朝鮮諸勢力と異なって中国と対抗する姿勢をただの一度も示さなかったことも、大陸との深層的な歴史的結帯を感じさせます。

纏向とその周辺の古墳には石塚より若干遡る後円（方）墳の存在を指摘する論文もあります。また纏向以外にもいくつか同形のものがありますが、石塚に隣接する箸中の地に、箸墓古墳という途方もなく巨大な墳墓があらわれます。いま、大和川（初瀬川）に沿うＪＲ三輪駅付近の集落から北方を望むと、重なり合う家々の屋根の上に、巨大な墳墓が独立の山容でもあるかのように、その姿を浮かびあがらせております。それは全長二八〇メートル、高さ三〇メートルという墳形・規模ともにこれまでにない大きさの前方後円墳で、造営の時期は三世紀第４四半期と推定されておりましたが、近時古墳周辺出土の土器の年代編年から、三世紀中葉過ぎといわれるようになりました。本稿でも三世紀中葉から後葉にかけた時期とみて、のちにさらに検討を加えてみます。墳形は後円部より低い前方部の先が撥形に開いた形、ちょうど石塚の前方部を大きくしたのと同じで、同形の前方部を撥型と呼び、大方の論文がこれをもって古墳時代の画期と位置づけております。

画期はしかし墳形・規模以外に、埋葬される副葬品にもあらわれております。箸墓は陵墓に指定されているため発掘調査できず、埋葬品については不明ですが、箸墓以前の墳丘墓あるいは後円（方）形、ときに古墳と称する出現期の墳墓の副葬品は武具・玉類がほとんどで、これに鏡が加わってきても、方格規矩鏡、斜縁獣帯鏡、二禽二獣鏡や内行花文鏡などといった後漢・三国鏡であったものが、箸墓出現以降は後漢・三国鏡と、新たにここで三角縁神獣鏡の共存あるいは三角縁神獣鏡単独というかたちで、ようやく次の時代に継承される鏡があらわれました。

ＪＲ奈良桜井線巻向駅付近の古墳群を纏向古墳群、その北のＪＲ柳本駅付近のものを柳本古墳群、さらにその北方の大和神社付近のものを大和古墳群または萱生古墳群と呼んでおりますが、これら各群の古墳とその外縁に接する地域の古墳には、さきに述べたように古墳の形式、埋葬品、供献土器などにおいて、北部九州・弥生時代以来の鏡の埋葬という祭葬形態に加え、二世紀終末の吉備・播磨地域で突然のように発現をみた墳丘墓の祭葬儀式を継承するものが多く発見されます。たとえば吉備・播磨でひと足早くとり入れられた山陰の墳丘墓上の葺石、前方後円（方）形や双方中円形、さらに吉備で焼成された特殊器台・同壺、弧文円板・同石板といった重要な祭葬祭器です。

全国的な土器の流通、鏡・装身具の分布圏の移行、祭葬祭具、墳丘墓等々の展開のなかで、前方後円（方）墳という象徴的な造営物のかたちをとりながら、あきらかに近畿大和へ集中するという傾向は否定しようもありません。しかもそれは二世紀前葉に結ばれていた北部九州から瀬戸内沿岸連合勢力の祭葬様式を有するものでありました。

纒向に隣接する大和から瀬戸内沿岸を経て北部九州にかけての地に、点々としてではありますが、前方後円（方）墳が一斉に築かれ、纒向型以外にそれぞれの地方型といった形態をとってはおりますが、やがてほぼ一様に三角縁神獣鏡の埋葬がはじまります。箸墓の二八〇メートルには及びませんが、形態以外に埋葬品にも共通しているものがあって、北部九州までの地域が纒向の地を中心とする勢力と互いに結ばれたとみられます。

副葬品の鏡については前にも度々述べてきましたが、三角縁神獣鏡については中国魏朝から卑弥呼への贈与「銅鏡百枚」であるという有力な説がありました。ところが中国では同種の鏡の出土が全くなく、呉人名の作があること、古い紀年銘の鏡が魏、呉、晋の国々に別れていること、その他いくつかの理由から倭国内で鋳造されたものであろうとする詳細な論文などもあって、現在は中国製説と倭国内製説と相半ばして主張されるようになりました。本稿では魏、呉、晉製以外に倭国内も含め、前述したように公孫氏勢力圏の楽浪・帯方からのものも視野に入れております。

三角縁神獣鏡の出土する古墳の築造は仿製を含め稀に六世紀まで続きますが、四世紀末の古墳から発掘されるものが多く目につきます。現在まで出土五百面を越えます。仿製を考慮しても非常に多く、「贈与百枚」をはるかに凌駕します。また伝世としても二世紀近く、場合によっては伝世三世紀はいかにも長く感じます。これだけの量の三角縁神獣鏡が三世紀から四世紀前葉だけに集中して鋳造され、その後延々倭国に贈与されたとは到底思われません。倭国内製造にしても短期間の鋳造ではなく、おそらく四世紀に入っても鋳造されていたものと考えます。

いうまでもなく鏡は銅鐸や矛鉾に代わる卑弥呼の信仰の霊器の一つです。卑弥呼擁立を承認した倭国内は霊器である鏡を用いて、祭葬祭祀を古墳築造の場で首長霊継承儀礼に重ねました。だがなぜ三角縁神獣鏡であったのかは、魏朝贈与説にしても国内鋳造説にしても、明確な論及を知りません。

二世紀末か三世紀初頭といわれる福岡県平原遺跡の墳丘墓は、その後の前期大型前方後円墳の埋葬形式と同じ割竹式木棺であることも注目されますが、方格規矩鏡、仿製を含めた大型内行花文鏡などの大量の鏡の出土がありながら、三角縁神獣鏡は見当たりません。三世紀前葉とも中葉とも、または後半にかかる比較的早い時期に各地で発生をみた出現期古墳から発見される鏡にも、さらに箸墓以前に纏向の地に築かれた出現期古墳のいくつかにも、現在までのところ前述したような三角縁神獣鏡の出土がないものがあります。

さきの平原遺跡出土の大型仿製内行花文鏡の直径は四六・五センチもあります。仿製とは言いながらまことに見事な、息をのむような鏡です。そういえば柳本古墳群中の柳本大塚古墳、大和古墳群中の、これは前方後方墳の下池山古墳からも、別区埋葬の平原一号墓とほぼ同様の直径三七・六センチの大型仿製内行花文鏡の出土があり、同群中の中山大塚古墳は特殊器台、同壺のほか吉備の都月形（宮山形も？）埴輪とともに獣帯鏡（禽帯鏡）の破片の出土があります。いずれも出現期初期の古墳です。大量の三角縁神獣鏡の出土で有名な山城椿井大塚山古墳にも、別区埋葬の内行花文鏡と画文帯神獣鏡があったと聞きます。その椿井大塚山古墳は箸墓より新しい時期の古墳、同じ大量埋葬の柳本古墳群中の黒塚古墳は椿井大塚山古墳に先行するといわれておりますが、棺をとりまく三十三面の三角縁神獣鏡のうち画文帯神獣鏡一面は、何故か特別の扱いのように被葬者の頭部の前に立てかけるように埋葬されておりました。三世紀末か四世紀初頭の築造と目される全長二〇〇メートルの桜井茶臼山古墳には、内行花文鏡や正始元年銘三角縁神獣鏡を含む八十一面（百面以上と推測される破片多数）もの鏡が出土しております。

これらの内行花文鏡あるいは画文帯神獣鏡の埋葬形態からみて、同種鏡にはほかの鏡とは異なる特別な意義を認めないわけにはゆきません。邪霊を阻止し祖霊を鎮めるという意味以外の、例えば被葬者の権威の象徴としての霊器、もちろんそれは三角縁神獣鏡と異なる意味でもあります。

内行花文鏡、画文帯神獣鏡埋葬の古墳は、三角縁神獣鏡埋葬の古墳に対し築造時期が先行するという明確な区分はまだ判然としませんが、おそらく二世紀末か三世紀に入って完成をみた大型仿製内行花文鏡は、三角縁神獣鏡に先行します。従って霊器としての新しい信仰形態から、当初舶来の新鏡である画文帯神獣鏡・内行花文鏡は重要な鏡であったと思いますが、倭国内で完成をみた同種大型仿製鏡はより重要な、首長霊器という意味を色濃くもっていたものと思います。こうした意義は平原遺跡一号墓の大型仿製鏡から継承されるものであるという理解から、仿製内行花文鏡、あるいは画文帯神獣鏡を埋葬するおそくとも三世紀後半からの古墳被葬者は、三角縁神獣鏡だけを埋葬する被葬者とは異なる意義を、この種の鏡に託していたものと判断されます。

桜井茶臼山古墳や黒塚古墳、山城大塚山古墳などの内行花文鏡、あるいは画文帯神獣鏡と三角縁神獣鏡をともに出土する古墳は両者の鏡の移行期もしくは交代期にあたり、主体が三角縁神獣鏡に移行後もなお、先行する別区埋葬や被葬者の頭部楯飾りの鏡に、三角縁神獣鏡以上の特別な意義を認めていた証左ではないかと思います。

下池山古墳出土の大型仿製内行花文鏡の成分分析結果を知りませんが、平原遺跡一号墳出土の前記鏡の原料は弥生時代の舶載鏡と同じ産地のもので、三世紀後葉に埋葬される三角縁神獣鏡は平原遺跡の舶載鏡よりあとの原料であり、しかも中国華中、華南の鉛を含有するという分析結果もあります。

平原遺跡出土の大型内行花文鏡や大和下池山古墳その他の同種鏡が、どこで鋳造されたかはここではおくとして、前述したような二世紀末から三世紀はじめにかけた全国的な人と物の移住・移動と交流のなかで、列島中央の近畿にあらわれたとみてはどうでしょうか。

土器を含む文物の移動移住と祭葬用具を含む副葬品の共通化の中心地・大和の地に、三世紀前葉の石塚の出現期古墳のあと、時代の画期たる箸墓が出現し、その至近距離の同種古墳の築造をはさんで全長二三四メートルという西殿塚古墳が築かれ、相前後して全長二〇八メートルの前述した桜井茶臼山古墳が築造されます。茶臼山古墳の築造時期は四世紀前後とみられております。この間約半世紀の経年がありますが、同時期列島の各地に例をみない巨大古墳の出現です。

すでに中国では始祖・天帝円形、地祇・方丘の祭祀が行なわれております。楽浪・帯方では方形墳に葺石などがあって、こうした祭葬様式が倭国にとり入れられ、また中国からの舶載の途絶えた後漢鏡以後の鏡の搬入が絶えることなく続いたのは、「帯方に属す」といわれた三世紀第1四半期の時代ではなかったかと考えられますし、その結果が、古墳造営に影響を与えたと思われます。日輪の輝きをあらわすといわれる大量の鏡が埋葬されていた先の平原遺跡墳丘墓では、すでに初源的な天（太陽）神信仰があったことを指摘する論文も、また現在の箸中纏向の東の三輪山を太陽神信仰の対象ととらえる論文もあります。山麓にはいま大神神社をおきます。

この地には纏向遺跡の発現する以前から信仰対象となる祭場があったとみられますが、ご神体は三輪山、神殿は拝殿のみの神社で有名です。石塚、箸墓以後大型古墳の築造されるこの箸中を中心とした三輪山麓の、極く限られた地域を古くからヤマトと称したところから、本稿でも大和の地と記してきましたが、箸墓につながる中心勢力を以後大和勢力と呼び、いままで述べてきた経緯から、一応これを女王卑弥呼の系譜とします。倭国連合王としての求心的地位を確立したとはいえ、各地有力氏族擁立の連合王卑弥呼にしろ壹與にしろ、またこれを継いだ男王にしても、いうならば祭政未分化の祭祀王であって、王朝と呼ぶほどの体制がこの時期整備されたとは到底思われません。

この箸中の地域には石塚以後も方形周溝墓がまだ築かれておりますが、古墳と呼ばれる墳墓は箸墓を含む前述の初源期の古墳のみで、箸中に近い近隣の柳本・大和古墳群中にはそれより後代のものを含め後方墳、後方形の土壇に後円部を加上したものや双方中円形もあって、纒向古墳群とは多少様相が異なります。おそらくこの纒向古墳群の地区には新しく展開した王家勢力が拠り、三輪山周辺を根拠にしてひきつづいて古墳を造営した結果が同一の古墳形態をとらせたものと思います。一方柳本・大和地区にも同族が展開しておりましたが、こうした古墳の周辺には、それを盟主と担う出自の異なる中枢勢力も存在し、そのため後円墳ならぬ各種の古墳形態をとらせたものと思われます。

こうした氏族のうちのある特定のもの、例えば椿井大塚山古墳被葬者によって、各地の首長勢力に対して政治的な支配と服従の証しとして三角縁神獣鏡の配付が行なわれたという説が、ほぼ定説化しておりました。しかし支配と服従の関係を成立させたというよりは、祖霊を同じくするという祭葬祭祀による、一種の擬制的同族連合体制への参加であったと考えます。それまでにない墳形と、比較にならない大きさの前方後円墳という古墳祭祀の儀礼は、また首長霊継承儀礼でもありました。首長霊のシンボルとしての内行花文鏡や画文帯神獣鏡とは異なる新たな邪避のための鏡として、この三角縁神獣鏡が流布されたということでありましょう。

特定の氏族によって配付されたという説については、配付にしろ流布にしろ下賜にしろ、方法が定かではありません。画期となる古墳造営と祭葬儀礼に、陵邑・纏向の地に集まった西は周防から東は関東の首長級氏族に勲章のように手交したのか。それにしても椿井大塚山古墳に三十三枚、椿井大塚山古墳に先行するともいわれる桜井茶臼山古墳、黒塚古墳に三十四枚の三角縁神獣鏡とは、どうしたことでしょう。これらの古墳の造営時期からみて、遅くとも四世紀初頭までに分配が終わったあとの余剰、という訳ではなさそうです。大量の同種鏡の存在から、特別の、重要な意味を付与しすぎた感があります。倭国連合参加の印章くらいに考えたほうがすっきりします。ある書物には鏡の横領と書く人もおります。

巫呪的連合王から始祖天（太陽）神とする祖霊信仰の共通化に向け、九州や吉備・北陸・東海や近畿の勢力が、新たな連合体の中心を纏向につくりはじめ、また三世紀後半、祖霊が首長権に継承されるという祭葬儀礼を、箸墓という古墳造営によって成立させたということでありましょう。もちろんそれまでの約半世紀近い胎動の期間はありましたが、その中枢を担う勢力は九州・瀬戸内沿岸の指導的首長氏族に一歩遅れて東海濃尾の諸勢力が纏向の地に糾合して成立し、石塚から箸墓につながる中心勢力のなかから女王卑弥呼、壹與の倭国を成立させ、ついには男王の擁立をみたということでありましょう。

これを証するのは本稿「三世紀の倭国」のはじめの記述のなかの、大乱後の二世紀末から三世紀に入って各地の様々な形態の墳墓が列島中央（近畿）付近で錯綜して展開するという状況と、西は周防から東は関東の土器の纏向遺跡への糾合、高地性集落や環濠集落の発生と消滅の地域的移行、纏向に発現した吉備を含めた瀬戸内沿岸地域の、墳丘墓に共通する出現期古墳の形態と、それらの地域の墳丘墓に共通する重要な埋葬品を含む祭葬器具の共通性などから推考される状況です。平原遺跡墳丘墓出土の大型仿製内行花文鏡と同種の、下池山古墳や柳本大塚古墳などから出土の大型仿製内行花文鏡は、遺体を邪霊から護る巫呪物ではなく、力を誇示し、国の権威を代表する墓そのものを示すものとしてはじめて鋳造に成功した鏡であるといわれます。

こうした意味では、邪馬台国が九州か近畿かという問題に固執する必要は感じません。仮に中国の文献上の、卑弥呼の住する邪馬台国が九州であっても、あるいは大和三輪山麓であっても、新しい都を奈良大和においたとみればよい訳です。そして弥生時代ならぬ新しい古墳時代がここからはじまったということだけは、どうやら大方の意見が一致しているようです。

古墳の形態に前方後円墳と後方墳が生ずるのは、以前から石塚・箸墓につながる倭国連合王である大和勢力と同族的結帯をはたしていた氏族と、そうでない氏族の相違でしょう。少なくとも四世紀中ころまでは、連合体はまだこうした後円墳、後方墳を採用する氏族の独自性のうえにありました。

中国の文献を見るかぎり、三世紀後半になってもなお連合倭国の共立の王は卑弥呼から壹與、さらに男王と継承されているとされますので、それをこれまで述べてきた考古学的考証と重ね合わせると、連合体の核としての性格を有する大和勢力の石塚や箸墓に続く大型前方後円墳は、いやでも卑弥呼―壹與―男王の線におさまるという解釈が成り立ちます。

ところがその中国国書も、三世紀以後約一世紀の間倭国の記載がなくなります。男王のあとの四世紀の倭国はどうなったのか、この間の考古学的資料を位置づけ体系づけてゆくのはなかなかに難渋します。そこで、ここで倭国の文献、八世紀大和朝廷によって成った『古事記』『日本書紀』(以下『記』『紀』および『記紀』)を参考に見てゆくことにいたします。しかしこれらも考古学資料との比較上数々の齟齬があるため、研究文献の上でも様々な項目にわたって一方は肯定論、他方は否定論、なかには折衷論などと、百家争鳴の感があります。本稿ではこれら諸論を参考にしながら、四世紀のこの国を探究してゆこうと思います。

『記』は神代から第三十三代推古天皇まで、『紀』は第四十一代持統天皇までを記しておりますが、六七二年の壬申の乱のあと、「天皇権威の絶対性と皇位継承法を後代まで明らかにしておくという宗教的政治的理念によって編纂した」と両者ともに明記してあります。天皇をとりまく有力氏族あるいは各地の首長氏族の出自も「○○の祖なり」と注記して、ほとんど神代の神や天皇外戚に収斂させせました。もとより『記紀』ともに伝承ですので、考古学的事実とは異なって当然でしょう。神代の神と人をつなぐ初代神武天皇が九州から東征して、奈良橿原で即位したのが前六六〇年であると記しますが、はるか弥生前期中頃から国が始まったという伝承を史実とする考古学的資料は、当然全く発見されておりません。

『記紀』は神武天皇以後綏靖、安寧、懿徳、孝昭、孝安、孝霊、孝元、開化、崇神とつづきますが、多くの『記紀』研究から、現在神武以後八代を歴史上存在しない欠史八代と称しております。しかし一方崇神以前について、いわゆる葛城王朝の存在を主張する論もあります。東征する神武天皇は近畿を平定して、葛城山麓に展開したという説です。平定の過程で活躍した欠史のなかの様々な氏族は、その後の歴史上でもなぜか華々しく登場活躍しております。

奈良南東部に拠った大和勢力以前に、近畿を中心としてみてもある程度まとまりをもった部族集団が河内などにもあったことが、大集落遺跡の存在からも推定されます。三世紀に入ってから前項で述べたように人と物の移動が激しくなり、三世紀後半を迎えるわけですが、『記紀』はこの数世紀の間のなんらかの祭祀権を有した氏族の伝承を、あるいは『魏志』倭人伝にいう「男王」の系譜の伝承を、主として近畿各地の氏族の伝承をからめて崇神の前に九代の天皇の物語として記したものと思います。それにしても弥生前期から皇統一系とは長すぎるような気もします。

「天皇」という呼称は後代になってから生じたものですが、ここでは御肇国天皇《はつくにしらすすめらみこと》と称される崇神没年の「戊寅年」を三一八年とする説（一部に二五八年説）として稿をすすめることにしますと、四世紀前後はほぼ崇神の時代、中国『梁書』を当てると、女王壹與のあと「復た男王を立て」て中国の爵名を受けた、その男王の時代に当たります。名は御真木入日子《みまきいりひこ》（御間城入彦）、母は物部氏、后は阿部氏、宮はいま奈良桜井市志貴御県神社境内に蹟碑を置く瑞籬宮《みずかきのみや》、山陵は『記』では「山の辺の勾の岡の上」、『紀』では「山の辺の道の上」といい、発掘調査されてはいませんが、考古学的には一応四世紀中葉とみられている天理市柳本の陵墓・行灯山古墳に比定されております。従って『梁書』の「男王」の墳墓をこれに当てるには尚早の感がありますし、現時点における考古学的比定から三世紀中葉か後半のはじまる頃の築造と前記しました箸墓を崇神陵とするには、寿墓としてもなお隔たりを感じます。

築造時期からみて、箸墓を崇神ならぬ巫呪祭祀女王卑弥呼の墳墓とすると、女王の死亡推定時とそれほど齟齬がありません。とすると壹與の墳墓は箸墓に次ぐ古墳ということになり、そうしますと大和古墳群中の西殿塚古墳が浮上し、次の桜井茶臼山古墳か大和古墳群中の行灯山崇神陵が崇神陵ということになります。

西殿塚古墳は現在六世紀の継体天皇の后・手白香衾田陵に指定されておりますが、年代的に大きな相違があります。しかし西殿塚古墳にはもともと女性の墳墓という伝世があって、それで皇后陵とされたのであれば、女王である壹與の墓と考えて、造営年代からもそれほどおかしくありません。

本稿では箸墓を現時点における築造の考古学的比定から、女王卑弥呼の墳墓と推定せざるを得ないとみます。ただし『紀』では倭迹迹日百襲姫命《やまとととひももそひめのみこと》（以下モモソヒメ）陵と記しますが、何故か『記』にはこの記述がありません。少し長文にわたりますが、箸墓とモモソヒメの関係を『紀』の記述から引用してみます。

是の後に倭迹迹日百襲姫命大物主神の妻となる。然れども其の神常に昼は見えずして夜のみ来す。倭迹迹日百襲姫命夫に語りて曰く、「君常に昼は見え給はねば分明に其尊顔を視ることを得ず。願はくは暫し留り給へ。明旦に仰ぎて美麗しき汝が櫛笥に入りて居らむ。願はくは吾が形とな驚きましそ」とのたまふ。爰に倭迹迹日百襲姫命心の裏に密に異ぶ。明くるを待ちて櫛笥を見れば遂に美麗しき小蛇有り。其の長さ太さ衣紐の如し。即ち驚きて叫啼ぶ。時に大神恥じて忽に人の形と化り給ふ。仍りて大虚を践みて御諸山（三輪山）に登ります。爰に倭迹迹日百襲姫命仰ぎ見て悔いて急居す。即ち箸に陰部を撞きて薨りしぬ。乃ち大市に葬りまつる。故時人其の墓を号けて箸墓と謂う。是の墓は日は人作り、夜は神造る。故、大阪山（二上山）の石を運びて造る。則ち山より墓に到までに人民相踵きて手逓伝して運ぶ。

箸墓の北側の大池から採取された後円部竪穴式石室の一部とみられる石材は、この地の他の出現期古墳石室と同じ柏原市芝山産の玄武岩であるとされています。

モモソヒメは崇神の姑とありますが、同名の皇女は『記紀』いずれも三代前の孝霊の皇女であって、先帝開化の姉妹にはおりません。もっともモモソヒメ自体を伝承上の人物というならば、考古学上の比較には馴染みません。『紀』ではモモソヒメに前兆を予告する巫女の性格を与え、崇神に三輪大神の祭祀を告げ、のちにその祭神大神の妻となったと記しますが、『記』では大物主神とイクタヨリヒメとの神子・大田田根子（意富多多泥古）に大神神社を祀らせた記事だけです。モモソヒメを同じく「年長じた」女性でしかも突然死（?）の卑弥呼に擬定して、箸墓をこれの墳墓にあてる説もありますが、『記紀』自体の整合性もなく、中国国書に言う女王壹與の存在もなく、また箸墓の比定築造期を本項推定説の三世紀中葉か中葉過ぎとしますと、モモソヒメとは数十年の開きがあります。

崇神はさきにも記すように大物主大神の祭祀を皇女に委ねますがうまくゆかず、神託によって大神の神裔である大田田根子（三輪氏）を探し出してこれに祀らせます。纏向遺跡からは銅鐸が出土していいます。大和勢力がこの地に進出する直前に銅鐸の廃棄があったとみられていて、もともと三輪の大神は大和勢力の神でなかったということになります。大和勢力の宮居にあった本来の祖神・天照大神を別の皇女に、倭大国魂神（大和神社）は市磯長尾市《いちしのながおち》に祀らせ、さらに別の八十万の神を祀ったと記します。

ここで三世紀後半の纏向をとりまく情勢に稿の多くを割いたのには理由があります。一つには後代にわたって決定的な影響を与えた倭国連合の成就、それはとりもなおさず古代国家形勢の始動であったというほかに、それが古墳時代初期の養老川下流域の氏族にとっても共通の重要事であることと、この地域への氏族の展開が、纏向とその周辺に展開した氏族と似たような経緯を示しているとみるからです。

養老川右岸の神門古墳群の被葬者を、前項では弥生時代以来の「在地勢力」ではあり得ないと述べましたが、ここで神門古墳群をもう一度確認しますと、おそらく三世紀第2四半期終わり頃に五号墳がつくられます。ほぼ円形の墳丘に不完全ながら周溝を有し、前方部がわずかに張り出している形で、その後の四、三号墳とこの張り出しは大きくなりますが、箸墓のような前方部の発達はありません。鏡の埋葬はなく、剣、槍、鉄鏃、多量の玉類を埋葬し、大部分の在地土器に混じって東海・北陸・庄内系土器が確認されております。同地域からは三号墳以後類似の古墳はつくられません。そしてその時期からわずかに遅れて前述の前方後方墳諏訪台一号墳が隣接してつくられます。「神門古墳群の土器には近畿・東海北陸系の土器が含まれるが、これは前代以来の主として東海西部との交流の影響で、多量に出る在地土器からみて、墳墓の被葬者は『在地勢力』であろう」という論考に接する事があります。三基の古墳が円丘墳を採用したことは、以前から西方の影響を強く受けていたこと、三基にわたる経年で、しかも前方部が次第に判然としてくることからも、西方との接触がつねに行なわれていたからだと言います。はたしてそうでしょうか。以前からの西方の影響が東海濃尾系の土器に代表されるものとすれば、この時期広く東海以東が前方後方墳（形）であったように、神門古墳群も、諏訪台一号墳のように後方形でなければなりません。

他方、神門古墳群とそれほど差のない時期の石塚を包含する纏向遺跡の大部分は、河内・大和の庄内系土器であると言います。近くの消滅した唐古・鍵遺跡を構成した人々が纏向に移って、搬入土器を携えた他の地域の人々とともに祭祀の場をつくり祭葬儀礼を行ったという説はあまり聞きませんし、唐古・鍵と纏向との間には信仰形態にも祭葬祭具にも明瞭な断絶があると指摘して、石塚、箸墓の被葬者を、唐古・鍵に関係する氏族ではあり得ないとする説が大勢であります。

同じように、突如として希有の円丘墳をもって出現した養老川右岸の神門古墳群の被葬者を、多くの在地土器をかかえるからといって、弥生時代以来の「在地勢力」ということはできません。神門古墳群の周囲にはその後も方形周溝墓や方墳や、東海勢力との関係を窺わせる前方後方墳の、それこそ正に「在地勢力」とみられる墳墓が多く築造されております。

「在地勢力」という見方は神門古墳群に限りません。東北会津では四世紀に入って前方後円墳が築かれ、これに対して、その前葉いち早く吉備系の特殊器台・同壺といった埴輪をとり入れた「在地勢力」があったと一部に説かれているように、各地の「在地勢力」の存在をいくつかの論文が言及しております。

ある時代にわたって一定の地域、この場合上海上の養老川流域であり、あるいは会津に拠って次第に成長していった氏族が、その先進性によっていち早く近畿の先進文化をとり入れたという「在地勢力」の独自性は、たしかに地方史にとっては魅力的です。しかし考えてみれば邪馬台国「畿内説」も「九州説」も、いわばその多くが「在地勢力説」です。列島各地から纏向への土器を携えての移住が認められるといいながら、反対の、近畿からあるいは九州からの移住はなかった、「在地勢力」の独自性だと言う一方交流論は、大陸からの人の移住を無視した日本民族の純潔論にも通じ、またなんとなく近世江戸時代の参勤交替まで思い起こさせます。

何度もいうように、神門古墳群は石塚とほぼ平行する時代です。三世紀のこの時代に、はたして同時的多発的な古墳の発生を促すほどの接触とは、具体的にどのような交流でしょうか。円丘墳造営には未経験の時代です。しかも当時としては極めて高度な専門的な技術を要します。形態だけではありません。信仰にからむ祭葬儀礼です。たとえ神門古墳群が全長三八メートルという規模でも、石塚の形態だけを真似てできるものではありません。五号墳のあとの四号墳から出土した定格式と称される鉄鏃は、造営時期も近い石塚類似の福岡生掛古墳からも出土しております。また大量の三角縁神獣鏡出土で有名な先の山城椿井大塚山古墳からも、類似の鉄鏃が出土しております。

円丘の墳墓も土器も、そして武器まで、西方を通じてはるか九州の地ともつねに接触し同様のものを採用していたとみるよりは、近畿に展開した勢力の、つまり大和勢力の中枢を担う一部氏族の、養老川右岸への展開とみるほうが、はるかに妥当であります。

大和の北、木津川の近く、近江・北陸を押さえ、かつ淀川から内海に出る位置を扼す椿井大塚山古墳は九州系ではないかという論文があります。また一方、伊勢・東海への出口、初瀬川上流を押さえる奈良桜井市の、栗原川に接する位置にある桜井茶臼山古墳からは、さきに記すような大量の鏡のほか、注目すべき埋蔵品が出土し有名です。同古墳は纏向の地を見下ろす位置ですが、大神神社まで約一・五キロ、海柘榴市までわずか八〇〇メートルです。箸墓を含む出現期古墳の所在地に近いというだけではありません。この地は鳥見山からも八〇〇メートル、現在のバス停忍坂の地まで同様一・五キロの距離で、茶臼山古墳はまさしく大和中心勢力の武器庫・忍坂に所在するといっても過言ではありません。同古墳は、承知している限り前後二度にわたる発掘調査があって、後述するように、至近距離にある四世紀前葉築造と目されるメスリ山古墳同様、大量の武器類の出土が報告されております。同地は古代の跡見庄とともに武器庫でありました。「在地」とみるか新たに入って来た勢力と見るかは、倭国大乱後の二世紀末から三世紀前葉にかけての、人と物の移住移動のなかでこそ考慮しなければならない問題です。土器を含め、物だけが搬入されたとみるのは一方的で、これは古墳や土器の問題以外に、大陸・半島からの渡来文化の流入が、絶えることのない人の移住を前提としてありえたとみないかぎり、閉鎖的な歴史観念を繰り返すばかりであります。

纏向の第一段階で、すでに東海濃尾系の土器の搬入がもっとも多いとみられますので、その影響から同時に神門で石塚型古墳をつくったにしては、南関東の各所には、現在までのところ同時造営的な古墳はありません。養老川流域だけに、方形周溝墓や方墳の一隅に、突如として円丘を基本とした神門古墳群が築かれたのは、ちょうど纏向に石塚が築かれたと同じ初現期であったということです。おそらく石塚につながる大和勢力と同族的結帯をはたしていた勢力の一つが、ひと足早く大和と結ばれていた東海勢力に支援されるかたちで、養老川流域に移住して来たということになるでしょう。

養老川川口から湖のような潟津に入った船の集団は、右手に見える上陸困難な砂岩泥水地を避け、右岸台地に突き当たってここに上陸します。かつてこの地には見られなかった各種鉄製武器、あるいは鉄製農具、多量の玉類などを携えた一族でしたが、おそらく点的移住であったと見えて、類似の古墳は三基で終わっておりますし、のちの前方後円墳への発展もありません。半世紀近い造営経年のあとは東海勢力の強い在地勢力に吸収されていったと思われます。出土土器とその後のこの地域の古墳推移をみれば十分考えられるところです。

ところで『記』の神代譜を見ますと天菩比命（天穂日命）の子、建比良鳥命《たけひらとりのみこと》は出雲、无邪志（武蔵）、上海上、下海上、伊自牟（伊甚―夷隅）、遠江の国造と津島（対馬）の県主のそれぞれの祖とあります。『紀』では出雲、无邪志国造と土師連《はじのむらじ》の祖となっております。いくつかの文献に南関東は出雲の天穂日命《あめのほひのみこと》系と記します。そうすると神門古墳群の氏族はこれらから除外しなければなりません。

また、上海上国造系は土師連と同祖とあります。『紀』にいう土師連も、垂仁朝期出雲から土師の祖・野見宿禰を呼んだとされますから同族でしょうが、上海上と対馬との関連は、ともに海部集団という事以外、上海上のこの地の出土品に出雲や対馬と関連するなにがあるのか、発掘報告書をみても判然とはしません。

対馬北端の大国魂社の祭神は、神武東征の水先案内人・椎根津彦《しいねつひこ》（倭氏―倭直祖は長尾市）、名神大社・神御魂社は朝鮮半島加羅の始祖王伝承にからむ日輪の御子を抱いた女神・大比留女《おおひるめ》であるといいます。出雲族の信奉する神とは異なり、どちらかといえば神代譜に記す大和王朝の性格にも通じます。

出雲祖霊とされる須佐之男《すさのお》神を祀る神社は南関東各地にありますが、アメノホヒ、ヒナトリ神の社はいま出雲圏内の鳥取市内に天穂日命神社、天比名鳥命《あめのひなどりのみこと》神社の二社があって、養老川流域にはその系統のものは見当たりません。天穂日命は天照大神とスサノヲ神との誓約によって成った五（六）神のうちの一神であると『記紀』にあります。建比良鳥（天比良鳥）の建は武と関係する名、鳥は天と地（神と人）を結ぶ位置にある抽象的名称です。

三世紀中葉から終末期にかけた女王交替に次ぐ男王の擁立は、新しい時代の画期でしたが、これ以後約一世紀半の間、中国の文献から、倭国の記録が無くなります。『晉書』によりますと二九一年まで東夷の朝貢を記しておりますが、この「東夷」のなかの倭国の詳細は記されておりません。倭国男王のあと、新たな冊封などの特記がなかったとも考えられますし、三世紀はじめの公孫氏勢力の時代と同様に、中国も朝鮮半島も戦乱に明け暮れていたことが記録が無くなった原因でしょう。その二九一年には晉朝の賈皇后が倭国の接触機関であった東夷校尉を誅殺しております。

三世紀終末期は崇神在位の時代といわれております。『記紀』に記されるその崇神のあとの倭国も、連合を形成したとはいえ、列島各地の諸勢力が一挙に結集したとは思われません。方墳や方形周溝墓も引き続いて各地で造られておりますし、東国への展開も、主として前方後方墳のかたちで東海・北陸から日本海沿岸を経て越から東北会津へ、またあるいは東海から信濃、南関東を経て東北太平洋沿岸へといった経路で東進し、その間大和勢力の一部とみられる前方後円墳を築く勢力が、各地に、しかしなお拠点的にあらわれるに過ぎません。神門古墳群でみた出現状況と同様です。

その状況が、おそらく次の世紀にも継続されたと推測される列島情勢です。『記紀』に「事向ける」、「事向けつつ」と表現されるこうした展開あるいは拡大を、征服、侵攻、移住、開拓などといろいろ表現できるでしょうが、そのような様々な状況が全国的に生じていたものと思われます。高地性・環濠集落の消長をみても、すべてが平和裡に行われたのではないことも発掘は教えます。

四世紀の倭国

ひとまず四世紀前葉までの大陸と朝鮮半島の情勢を、概略見てゆくことにいたします。

西紀三〇〇年になると、中国では晋の摂政楊駿を殺した賈皇后が趙王倫に殺され、いわゆる八王の乱がはじまります。三〇四年、匈奴の劉淵が晋から独立して漢王を称し、ついに中国は五胡十六国の乱に突入します。三一一年には匈奴の漢軍が洛陽に侵入して晋の懐帝を捕え、三一六年に長安を占領して西晋が滅亡、三年後晋は江南に移って東晋を興します。

朝鮮半島では高句麗の勢力と鮮卑の勢力が対抗します。この間高句麗は三一一年に遼東に侵入、二年後の三一四年に帯方を侵し、ついに倭国の中国との接触機関であった帯方郡が無くなります。

三世紀初めの公孫氏勢力の情勢と酷似しております。

鮮卑は遼東を平定した三三六年に前燕王国を建てます。さらに三四二年になりますとこの前燕軍は高句麗の王都を陥れ、ために高句麗の故国原王は敗走、その将軍であった仇台は帯方の地まで逃れてここで独立、百済王国を建てることになります。三四五年頃とみられております。ところがその後高句麗と百済との間で主導権争いが繰り返されている間に、百済の支配下にあった辰韓の地・新羅は、三五六年頃高句麗と通じて独立します。

激しい戦乱興亡の歴史ですが、三世紀後半からとくにこの四世紀に入って、朝鮮南部にまで高句麗の影響が強まってきます。独立と統合への激しい動きです。百済にしても出自は高句麗の勢力でありましたし、新羅も直接に高句麗の勢力下にありました。

こうしたことからでありましょうか、言語まで北方系言語が朝鮮南部の言語に覆い被さってくるとされています。言語は文化そのものです。鬼神道信仰が濃厚であったとされる辰韓・弁韓に、半島北部、というよりは、ひろく北方系の天（太陽）神信仰がみられるようになります。始祖天（太陽）神の倭国王も全く同時期同様の影響下にありました。従って半島と列島との間で、人の往来も物の交流も激しくなってきて当然です。

その事実は『記紀』の記述にもあらわれていて、崇神紀には任那・蘇那葛叱智《そなかしち》の来朝を記しております。崇神のあとの垂仁紀には崇神の時代として、加羅の王子・都怒我阿羅斯等《つぬがあらしと》が長門から出雲を経て越前笥飯浦に来航してここに居を構え（笥飯神社）ていたが、帰国にあたり崇神の名・御間城入彦（ミマキイリヒコ）をとってその国名をミマナ（任那）としたと記します。

これに対して逆に、崇神（ミマキ）はもともと南朝鮮の「ミマ」という地方の宮城に居住していたとする別の論文があります。任那（ミマナ）から出て大和に入ったから「ミマキイリヒコ」であって、のちの任那日本府、官家の所伝もここにあるとその論文は述べております。所論としてはまことに斬新大胆で、かつ理解し易い対比ですが、任那という国名はこの四世紀はじめには無かったという決定的な論もあり、また三世紀中葉からの考古学的推移との整合が、この説ではなかなかに見いだせません。四世紀に入って半島との直接的な関係が生じたのではなく、以前から半島南部に存在した、辰韓・弁韓の地から渡来した集団の、半島故里との絶えることのない交流が、中国との交流断絶によってもたらされたさらなる関係であろうと思います。三世紀後半の画期も中国や半島との接触交流が前提になっているはずです。絶えることのない交流があるからこそ天神ニニギノミコトの降臨の地も、半島の始祖降臨伝説のミネフジあるいはソフルと重なる日向の地・高千穂のクルフシミネ、または添（ソホリ）の峰と『紀』は言い伝えるのでしょう。

四世紀のここにきて、半島や中国と密接にからんできた倭国に、人の往来とともに大陸の動乱が見えないはずはありません。二世紀末の後漢、二六五年の魏朝の滅亡がそうであったように、二八〇年の呉国の滅亡が、三世紀後半から末期の変革に影響を与えていないとは思われません。そしてさらに四世紀前葉の中国の、半島を巻き込んだこうした戦乱です。半島を巻き込んだということは、とりもなおさず倭国もまた同断であったということです。

とくに帯方郡の消滅は、単に中国との接触機関が無くなったに止まらず、大陸からの文物、とりわけこの時代は、鉄資源の入手に決定的な影響を及ぼしたはずです。そこで当然、倭国は目を半島に向けざるを得なかったのです。同時にまた、列島内を大和勢力のもとに糾合しようとする三世紀末からの中枢勢力の動きも、いっそう強力に展開されました。中国との交易機関がひとり倭国女王卑弥呼であったように、大陸と言わず半島との外交権を握るのも、ひとり大和勢力でなければならなかったわけです。

箸墓の前方後円墳のあと、三世紀末から四世紀に入ってすぐに前方後円（方）墳が副葬品の共通性をもって、まず近畿から瀬戸内海沿岸を経て北部九州にかけ、さらに山城・近江から北陸丹波へと、三角縁神獣鏡をともなって一斉にあらわれます。いうまでもなく、それは朝鮮半島あるいは大陸に通ずる道でありました。

前方部が三味線の撥形をした箸墓類似の古墳といっても、規模のうえでは、纏向とその周辺に築造された古墳と比較しますと、大きな相違があります。九州ではこのとき最大で一〇八メートル余の肥前久里双水古墳、伊予鶴尾古墳は四〇メートル、吉備で五〇メートルの備前車塚古墳、会津杵ケ森古墳は五四メートルであるのに、大和古墳群中の西殿塚古墳が二三四メートル、桜井茶臼山古墳は二〇七メートルというように、各地との格差は争うべくもなく、大和勢力の優越は動かしようもありません。こうした各地の古墳造営には、箸墓や椿井大塚山古墳などに準拠した統一的な尺度、規範があったと説く論文もあります。

このように近畿大和とその周辺には、四世紀中葉までに全長二〇〇メートル以上の、大和勢力の王墓とみられる大型古墳が出現します。箸墓のあと三世紀末か四世紀はじめの頃に前記天理市萱生の西殿塚古墳、桜井市茶臼山古墳、さらに四世紀はじめにかけて天理市渋谷向山古墳の三〇二メートル、桜井市メスリ山古墳の二三〇メートル、四世紀中葉にかかる頃に天理市柳本行灯山古墳の二四二メートルと続きます。

このうち西殿塚（手白香皇女）、向山（景行）、行灯山（崇神）の各古墳は箸墓同様調査不能の陵墓ですが、大和と接する木津川北岸の椿井大塚山古墳は各種鉄製器具のほか、前述したように全国に多くの同笵鏡をもつ大量の三角縁神獣鏡の埋葬がみられます。

桜井市茶臼山古墳とメスリ山古墳には、武器庫と見紛うほどの大量の鉄製武具を収めた石室があるほか、注目すべきは大型鉄製弓や玉杖の出土です。玉杖とは、『記紀』神代譜にいう戦いの先陣に立って邪を払う聖器とされる「神の御杖」に、また、鉄製弓矢は「天鹿児弓・天鹿児矢」に相当するものです。すなわち『紀』一書の一にいう、天照大神が中つ国に赴く天稚命に授けたとされる「天鹿児弓・天鹿児矢」と通じ、また別の一書には、天忍日命（大伴祖）と天津久米（久米祖）に授けた精霊を支配する力があるとされていた武具です。桜井茶臼山古墳あるいはメスリ山古墳が天稚命か、または大伴臣祖・久米直祖の墳墓とは申しませんが、纏向に展開した初期大和勢力の王か王族の一員、または王権を担う武をもって立つ人物とみます。

茶臼山古墳にもメスリ山古墳にも、いま、前方部の縁に沿って立つ表示板に詳細な出土品の説明があります。メスリ山古墳では発掘後の埋め戻しの関係か、蜜柑畑と地続きの後円頂部には方形の石垣が露見し、言いようのない感動をひきおこします。前一期の早い時期の造営とみると、この古墳の出土品の玉杖や鉄製弓矢の意味があらためて問われるということになります。

現在宮内庁では崇神陵を行灯山、垂仁陵を全長二二六メートルの奈良市宝来山古墳、景行陵を向山古墳に治定しておりますが、こうした古墳は考古学的に天皇在位年代との間に相違があって、治定そのものに疑問が提出されております。とくに箸墓に続く三世紀末か四世紀はじめとされる西殿塚古墳に至っては、六世紀前葉の継体天皇の皇后・手白香衾田陵とされていて、ほぼ二〇〇年以上の差があります。

さて『記紀』崇神紀には天照大神、倭大国魂神、大物主神のほか群神を祀り、天社国社を鎮め墨坂、大坂神を祀ったとあります。紀の川から奈良盆地に入る風の森峠にあった風神を、大和川が河内への出入口となる生駒三郷の地に祀ったのも、崇神のときとされます。のちに上海上氏族が寄港地である潟の、中の島のような地に風神を祀ったのも、同じように走水海への出入口でありました。偶然でしょうか。祭神は同じです。

崇神紀はそのほか四（三）道将軍の派遣と出雲出兵を記します。北陸道から進んだ大毘命（大彦命）と東海から征ったその子・建沼河別命は東北会津で往き遇ったことになっておりますが、会津坂下町の前記前方後円墳杵ケ森古墳は箸墓の六分の一の縮尺、三世紀末か四世紀初頭の築造ということで、この時代、大和勢力の進出を窺わせます。また、吉備津彦と建沼河別命で出雲を討ったとありますが、それまでの方墳や四隅突出墳であった出雲に、四世紀前葉になって前方後円墳が三角縁神獣鏡を伴って出現するのも、大和勢力の動きととらえることができます。

崇神のあとの垂仁紀は、皇女に天照大神を伊勢に、あらためて倭直の祖・長尾市に大国魂神を祀らしめ、皇子には、のちの物部氏の祖に石上神宮の武器庫の管理を掌らせるなど祭祀に多くを割き、神地神戸を定めたと言います。崇神とともに祭祀王としての性格が濃厚です。また新羅の王子・天日槍が播磨から近江、若狭を経て但馬に至って居住し、神宝を献じたと記します。しかし『播磨風土記』ではこれは神代のことと記します。崇神朝時来朝した任那・蘇那葛叱智、加羅・都怒我阿羅斯等の帰国も語られております。

秦氏の祖とされる「王子・天日槍」にしても、渡来氏族の伝承上の人物であろうと思われますが、任那や加羅からの渡来人が越前笥飯浦にとどまったなどの記事をみても、丹波・越前・若狭といった地域には、古くからこれら半島から移住した集団がいたと考えられます。

中国『魏志』には秦の時代、韓国に亡命した人々を馬韓の東に住まわせたと伝えておりますが、任那・加羅からの渡来の人々は秦始皇帝の末裔を称していて、さきの天日槍の経路にも渡来氏族秦氏の存在が指摘されております。

垂仁紀の唯一戦記らしいものとしては、皇后の兄・狭穂彦の反乱討伐だけです。狭穂彦は『記紀』にいう九代開化の孫とされ、開化の弟・武埴安彦も崇神時謀叛によって討たれております。二代にわたる謀叛の記事も、丹波・若狭といった北陸西部に向かう大和勢力の、近畿一円の統合が平穏でなかったことを暗示しております。

『記紀』に記されるこうした北陸西部や播磨は、三世紀から四世紀のはじめの段階で、大和に本拠を置いた勢力に組み込まれていたものと思われますが、大和勢力の直接的な介入がいち早く西日本あるいは北陸へ向かったのは、大陸に通ずる海路の掌握にあったことは明らかです。吉備・播磨をおさえて瀬戸内海を制し、古くからの大陸への門戸・九州は肥前（伊都）を、また辰韓と交流のあった北陸をそれぞれ大和の勢力下に置いたことは、いうならば制海権、外交権を掌中にしたことでもあります。

陸地と相違して古墳や残存遺物の少ないこともありますが、四海に囲まれた列島でありながら、弥生時代以来の稲作農耕文化の名に隠れて、海につながる氏（部）族や船運・造船技術などの実態は、四世紀前葉に限らず、必ずしも明らかではありません。列島居住の人々の多くは、想像をこえた航海技術を有していたと思われます。本来こうした人々を大和勢力は包含していたとも考えられます。制海権を掌中にすることは、勢力の命運を決定することでありました。

四世紀前葉の上海上を含む総の地の古墳は、東日本全体の古墳出現状況と同じで、東海濃尾系の前方後方墳が主体です。総の内陸部が東京湾岸に比較してその出現が若干遅れるという傾向が指摘されておりますが、いずれも小型前方後方墳が、ほぼ現在の郡単位の地域にあらわれるようになります。下総では弁天（東葛・柏）、北の作、飯合塚（印旛）、阿玉台（香取・小見川）、上総（君津・小櫃川流域）では駒久保のほか、これはおそらく三世紀に入るであろう高部などであります。のちの上海上の中心地、養老川左岸下流域にはまだ形跡がありませんし、太平洋岸でもこの時期現れておりません。神門古墳群に通ずる前方後円墳は河川流域でみますと村田川支流域小田部、小櫃川中流域の滝の口向台と、わずかに数えられるに過ぎません。連合とはいえ、東国と深く関わりを有していた東海濃尾勢力の先導による大和勢力の浸透であったと言わざるを得ません。

『記紀』の伝承をみますと崇神、垂仁はいずれも神祇祭祀の性格の強いものになっております。大和に本拠を置いた自らの祭神を最高位に位置づけ、古くからこの地にあった諸氏族神を従属神とするという重要な意味があったものと思われます。そのあと四（三）道将軍派遣にみられるような西日本・北陸に対する直接的な軍事行動とは別に、東日本に対しては東海濃尾の力を頼らざるを得ない状況でありました。東日本には三角縁神獣鏡はまだ現れておりません。

『記紀』皇統譜には四世紀前半の崇神、垂仁以下中葉から後末期にかけて景行、成務、仲哀、応神、仁徳と記します。これについてはしかし種々の異論があって、『記紀』編纂時帝記・旧辞（日継・伝説）に含まれていたのは応神以後で、それ以前の記録は神武、崇神、垂仁のみという説があり、また別に、成務、仲哀の存在を肯定しながら景行の存在を否定するなどの論文もあって、天皇（もちろんこの名称は七世紀になってからですが）在位は応神から、あるいは六世紀継体からと、いまだに定説がありません。本稿では不確定ながら崇神以後王位の継承は、古墳の存在からも称名は別としてあったとみます。そこで四世紀中葉から後半に入るにさきだって、ここで後半に移る頃の王位について、少し考察してみます。

さきに古墳の造営が首長権の継承儀礼であったと書きましたが、その首長権も、少なくとも四世紀前葉のこの時期において、列島各地の首長氏族が直系の世襲制であったとは、到底思われません。

共同体の族長が代表者として氏族集団を形成していた時代から崇神、垂仁とようやく大和連合王が部族集団の王として祭政的支配に移行しようとする時代です。そしてその王が四世紀前葉、『記紀』に記すように崇神、垂仁、景行の三名であったかどうかさえも、実証されているわけではありません。『記紀』天皇在位について、数々の疑念があって当然です。しかしだからといって、四世紀前葉から後末期の応神または仁徳との間の連合王が、空白であったことにはなりません。成務、仲哀という諱号でなくとも、直系でなくとも、またこの間の三代か四代かは別に、血縁をからめた同族の連合大和王権を継ぐ王と目される存在があって当然です。

『記紀』をみますと崇神「ミマキイリヒコ」と垂仁「イクメイリヒコ」には諱名の「イリヒコ」が共通しておりますが、次の景行「オオタラシヒコオシロワケ」には「イリ」の諱名が含まれておらず、性格もほとんど一方的武断的で、さきの天皇の諱名との相違が明らかです。「ワケ」の「和気」「別」は王家の支族に多くみられる名で、また五世紀はじめの天皇に共通し、四世紀後半の成務、仲哀、神功皇后と共通する「タラシ」の諱名もあって、景行は「イリ」王家と「タラシ」王家をつなぐ位置にある王族のひとりとして、記されたのではないかと疑われます。

景行紀は景行自身による九州遠征、王子倭建命（ヤマトタケル）の西征と東征とその死後、こんどは天皇の東国巡幸の記事と、ほとんど武闘的な記述です。上海上に関するものとしては倭建命の上総上陸にからむ妃・弟橘媛（穂積氏）の走水海への入水記事があります。それまでの王と性格、業績が異なります。

上総西岸一帯には倭建命に関する伝説が数多くあって、姉崎神社への倭建命の合祀や、旧海上、養老、明治、市西、白鳥の各村や、字・神代の部落などの各地にその足跡が語られております。これ以外にも小櫃川、小糸川流域の海岸沿いや上総一円に、倭建命あるいは弟橘媛の伝承があります。もっとも倭建命は固有名詞ではなさそうで、建速須佐男命、建沼河別、武日照命、若建吉備津日子などのように、「建」「武」は武に関係する名であってみれば、倭建命は倭国の建・武人という抽象名に過ぎないでしょう。

おそらく大和勢力の中枢を担う複数の王族の、数代にわたる度重なる進出を、天皇や皇子の業績として伝承記述したものと思われます。『記紀』の記述と前方後円墳の広がりを対比すれば、四世紀前葉後半から四世紀後葉の、暦年代で言えば三三〇年から三六〇年代に至る間の、連合体制から一歩すすんだ大和王権への従属を促す本格的な展開を、景行や倭建命の業績として総括して記載したということであります。そのなかで主導的地位にあったとみられる勢力は、それまで関東南部や東北南部より若干遅れていた関東北部の上・下野の地に至って爆発的に前方後方墳を、ひき続いて前方後円墳を築くようになりました。のちの上・下毛野と呼ばれる勢力で、前橋天神山古墳から出土した三角縁神獣鏡は、さきの桜井茶臼山古墳出土鏡と同范鏡です。

総の地をみますと、四世紀中葉に、小櫃川のやや南の烏田川川口に近い下流域で、極めて近畿大和色の強い仿製の三角縁神獣鏡を副葬した手古塚古墳があらわれ、やがて後半になって小櫃川中・下流域に白山神社古墳、飯合塚古墳、坂戸神社古墳が出現します。これらの古墳はさきの手古塚古墳と多少性格の異なる別の氏族であったとみられます。また太平洋沿岸では一宮川上流に能満寺古墳、油殿一号墳、栗山川上流に柏熊八号墳と相次いであらわれます。

養老川流域では前述した右岸下流域の三世紀から四世紀にかけての前方後方墳などの地域と異なって、この四世紀中葉から後半に入って左岸大地の旧姉崎町小字台に前方後方墳が出現、ほぼ同時期に前方後円墳・今富塚山古墳から姉崎天神山古墳、釈迦山古墳と築かれるようになります。神門古墳群とはほぼ一世紀の空白を置き、しかもかつて古墳の築造のみられなかったこの地に、忽然と出現した大型前方後円墳でありました。

東日本へのこうした動きは、王族のみの東征とみるよりも、奈良東南部の大和勢力を構成する中枢勢力の、ということはいわゆる皇別、天神別、国神別の有力氏族の分担になる勢力の、支配拡大のあらわれであるとみるべきです。王族の進出もあったでしょうが、一、二の氏族で、また短い半世紀足らずの期間でできる規模ではありません。東日本だけではなく、九州南部にもこの傾向が及んでおります。

『記紀』によりますと上野の上・下毛野氏族は崇神の皇子・豊子入日子（豊城入彦命）とあり、同族の諸別王を委任したとあります。景行自身は美濃から九州遠征、倭建命は西征に葛城氏と尾張氏を、東征には大伴氏と吉備氏を随伴したとあります。東国の甲斐、相模、上野、会津の各地から出土する三角縁神獣鏡が吉備地域出土の同種鏡と同笵であることは、東征随伴の吉備氏と関係するやの見方がありますが、では、椿井大塚山古墳出土の鏡と同笵である三河から武蔵、下総の出土鏡は、大伴氏に関係し、それはすなわち椿井大塚山古墳などの著名な氏族につながると言えるのかどうか、これについては誰も言及しておりません。いずれにしろ『記紀』と照らし合わせた推論ということであありましょう。

大伴、吉備氏だけではありません。さきにも述べたように前橋天神山古墳出土鏡は桜井茶臼山古墳と、鳥田川流域の手古塚古墳出土の鏡は出雲地域の出土鏡と、東海・遠江からの出土鏡は四世紀後半から出現する奈良西部の馬見古墳群出土鏡と同笵であるなど、関係が一、二の氏族とするほど単純な流れではありません。

ではいかなる氏族がこれに関与していたかについては、これを辿ろうとしてもなかなかみえてきません。前項でも記したように有力氏族や各地の首長氏族をみても、神代の神々や天皇外戚に、とくに『記紀』にいう九代開化までの欠史とされる皇別が多く、氏族の出自を見きわめることはなかなかに困難と言わなければなりません。

試みに景行期までの有力氏族を『記紀』から拾ってみますと、中臣（藤原）氏は天児屋命、大伴氏は天忍日命、鴨（三輪）氏は事代主命、物部（穂積）氏は饒速日命までが神武までに、以下和珥（春日）、阿部、息長、吉備、武内（建内・葛城・紀・平群）、上・下毛野の各氏はほぼ崇神までに天皇外戚としてあらわれております。しかしまた別に前記後段の氏族のうち紀氏は名草戸畔、和珥氏は居勢祝、穂積氏は猪祝、武（建）内系は同族として平群、葛城を含む高皇産霊神を祀る剣根命とする説もあって、前段の神を祖とする氏族と同様に、いずれも『記紀』の欠史記述に依っていることにかかわりはありません。ほとんどが天孫降臨と神武東征と、存在が疑われ、否定される九代開化までの天皇外戚です。

同范鏡の関連だけでみようとしても『記紀』に埋没して判然としませんが、前方後円墳の広がりがこの時期東国とのみならず列島全体に及んでいったことをみても、王族を中心とした中・小氏族をかかえた複数の有力氏族の分担、あるいは分掌になる動きであったと思います。その動きが一括して『記紀』にとり入れられたのが成務紀に記す国造、県主の任命記事であります。国造制度はそれから二世紀ものちのことですが、『国造本紀』では三十六ヶ国の国造成立記事のうち房総の地では須恵、馬来田、上海上、伊甚、武射、菊麻、阿波の七ヶ国、『旧事本紀』ではこれに長狭、下海上、印波を加え、『叢書』では无邪志国造の祖・兄多毛比命の子である大鹿国造をもって菊麻国造とし、また大鹿国直の男・小鹿直は奉免（市原）に拠るとあります。

さらに関連する記事としては五世紀の履中紀に上海上国造・忍立比多比命の五世の孫・忍兼命が忍立化多比の御徳追慕のため大雀命を合祀したとあります。大雀命とは『記紀』第十七代仁徳でありますが、なぜ忍立化多比の御徳追慕に仁徳を祀るのかわかりません。忍立化多比は天穂日命の子・建比良鳥命の八世の孫とされます。

さきに記した椿井大塚山古墳と同笵の三角縁神獣鏡を出土した多摩川流域白山古墳は、上海上からみると走水海（東京湾）の対岸に位置します。埋葬主体部は、今富塚山古墳や能満寺古墳と共通する木炭槨です。下海上に比定される地域の城山古墳は六世紀の造営になる古墳ですが、出土の伝世鏡・三角縁神獣鏡は椿井大塚山古墳と同笵です。このような埋葬主体部の構造様式、出土鏡の共通性からみると、相模、武蔵（无邪志）、上総（上・下海上）への展開の勢力は同族かまたは部族を一とする氏族と考えられます。

成務時のこととして挿入されたこうした国造記事は、『記紀』編纂時まで氏族に伝承されていたものであるかどうか、確認のすべがありません。忍兼命の記事からみて五世紀の段階に成ったなんらかの伝承を、国造氏族がかすかに語り伝えてきたものではなかったかとも考えられます。

しかしこうした考えはなにも根拠がありません。四世紀の段階で、はたして男子直系氏族の系譜という概念があったかどうかも疑問です。ですからそもそも系譜を辿ること自体不可能としなければならないのですが、血縁関係で住居圏を同じくする、また婚姻関係による同族意識はあったでしょうし、自分の先代や先々代くらいまでは分かっていて、これを代々子に伝えるかあるいは属している集団に伝えるかして、そうした言い伝えが継続したであろうことは充分考えられるところです。この時代、文字がなかったとされますが、文字がなかったからこそ伝承を伝えるという意識が強かったのではないでしょうか。血縁を多くかかえている集団であります。特定の個人の系譜でなくとも、親族意識に婚姻を含めた同族意識が住居地域を同じにすることによって強固になり、つまり属する集団内での親族の伝承があったと考えれば、その氏族集団の族長の、氏の祖の認識とさして遠いものではないと思います。とくに族長・家長氏族にあっては、こうした同族意識は四世紀後半ころから急速に高まっていったのではなかったかと思われます。

忍立化多比は上海上の沖積地干拓に成功した人物、という論評も一部あるようですが、それはあまりにも稲作農耕文化のみにとらわれた見方で、重点は農地干拓より前項で述べた養老川河口に生じていた潟津の、港としての水路の構築整備にあったと思います。地名に津のつく箇所を拾ってみますと、海退期の第一滞留時に生じた砂堤である永津と、やや南の椎津、もっとも新しい時代の今津の三ヶ所があります。地形的に、またその後の展開などを参酌しますと、おそらく寄港地としての主要な津の役割は、椎津を補助として、永津が長い期間にわたって担っていたものと思われます。『記紀』では倭建命が相模から走水海を渡ったと記しますが、その手段方法については全く記載がありません。急遽相模で船を造ったのか回航されたのか、海部の存在も記されませんが、上総への展開も、さきの房総の地の古墳出現の多様さから、一度や二度ではなく、繰り返し数度に及んだとみられ、それには強力な海部の存在を無視することができません。小櫃川あるいはもっと南の小糸川周辺から陸路上海上に達する不合理さと、のちの氏族の発展を考慮すると、上海上氏族は本来海部氏族であったと認めざるを得ません。

四世紀後半のこの時代は鉄器の使用が加速される時代です。武器武具類も例外ではありませんが、上海上氏族によって鉄製農機具等が搬入され、上海上の首長氏族のなかの複数の有力者にこれを管理保管させ、その都度周辺の中小氏族に貸与した結果が、短期間に勢力の拡張をきたし、総北半の盟主的地位を得るに至った要因でしょう。つまり生産手段の独占です。あらゆる生産器具・農耕器具の独占です。水路構築の成功も土木技術に加えた鉄製器具の利用が大きかったでしょう。またかつてこの地にない大きさの今富塚山古墳の造営を可能にしたのもそれらの器具利用によるでしょう。

四世紀後半からの前方後円墳の広がりを房総の地にみてきましたが、この時代までを景行紀の西征・東征に、そしてその成果を成務紀に国造・県主任命の記述としたものと思われます。後述するように、『記紀』の記述がこの四世紀中葉以前と以後で甚しく相違しております。

『国造本紀』によりますと、応神紀に「新たに下海上を分かつ」とあります。上海上からの分割ですが、次の仁徳紀には上毛野田道の東国派遣があります。両者が関連する事情にあるかどうか分かりませんが、それまで房総の内陸部や常陸、東北南部への大和勢力の進出にあたって上海上氏族が拠点的役割を担ってきたものが、ここにきて下海上・総北部の香取海を臨む位置に新たに中継地を移し、ここに上海上その他複数の氏族をあてたものと思われます。その地に前方後円墳である三の分目大塚山古墳が出現します。近くの六世紀代の城山古墳からは前記したように椿井大塚山古墳と同笵の三角縁神獣鏡が出土しております。

下海上分割に影響されたように、上海上の古墳の形態に、一時的ながら重要な変化がおきております。直径六〇メートルとやや大型ですが、上海上の中心地に円墳の海保大塚古墳があらわれました。今富塚山古墳と姉崎天神山古墳に挟まれた同古墳は未調査で詳細不明ですが、前方後円墳のあと円墳の築造となり、その後また再び前方後円墳となる形態移行です。こうした変化は上海上氏族自体の対応とは思われません。上海上氏族の直接影響の範囲に、大和中枢勢力によって下海上割譲という制約または制肘が加えられた結果であろうと思います。しかしそれも房総の地のみに限ったことではありません。古墳形態の一時的な変化は上海上だけに限られた事情ではないのです。

遠江・天竜川は弥生以来東と西の境界をなし、従って土器の様式にも、天竜川以西と以東で相違していたと言われております。東国への窓口とも言えるこの地域に、四世紀中葉から後半にかけて、いくつかの前方後円墳があらわれます。天竜川右岸左岸ともいずれも全長一〇〇メートルを超える大型古墳を含んでいて、さきに述べた大和勢力の東日本展開の、いわば兵站地的役割を担っていたと思われます。この地域の古墳に、美濃、尾張、三河のいわゆる東海地域の古墳と違って、前方後円墳のあと、四世紀末になって一時的ながら円墳に移行する地域があります。上海上の古墳形態と同じです。上海上の場合は下海上の割譲の影響と記しましたが、天竜川流域の氏族にも、これと似た事情があったのでしょうか。仲哀紀に、「加羅功満王遠江に来朝」の記事もあります。

この時期の古墳の規模をみますと、東日本へ展開した氏族には大小があって、それぞれ系列ごとに連合大和の中枢勢力であるいくつかの有力氏族と結ばれていたのではないかと思われます。身分関係の上下、氏族勢力の大小も古墳の規模で示されていたとみます。甲斐銚子塚古墳（一六九メートル）を筆頭に前橋天神山古墳（一二六メートル）、南関東は芝丸山古墳（一一五メートル）が第一級で、これがそれぞれの広域地域の主導的氏族であったとみられます。第二級クラスの氏族にはそれぞれ拠点的性格が与えられ、全長一一〇メートルクラスの前方後円墳の氏族で、天竜川流域で銚子塚古墳、太田川流域で松林山古墳、多摩川流域で蓬萊山古墳、入間川流域で野本将軍塚古墳、小櫃川流域で若干下回るが飯合塚古墳、養老川流域で今富塚山古墳と、各流域ごとに数えられます。いずれもほぼ同一規模です。

しかし四世紀後半の段階に重要な役割を担ってきたこれらの氏族の一部が、四世紀末期になってひとまず役割を解かれたと理解するには、墳形の相違という、極めて重大な問題と符合いたしません。また各地一斉に円墳に移行したのでもなさそうです。つまり勢力の分割とか役割を解かれたのではなく、これらの氏族を組み込んでいた大和中枢の有力氏族の消長と対応するのではないでしょうか。有力氏族の消長は当然のことながら近畿大和中心勢力の質的変化を意味します。

そこで近畿内に戻って、この時代の倭国連合中枢の勢力をみてゆく前に、いま一度、中葉から後半にかけての中心の王家・『記紀』皇統譜を検討します。

景行のあと、四世紀後半にあたるとみられる成務「ワカタラシ」、仲哀「タラシナカ」とその神功皇后「タラシヒメ」と続きます。なんとなく胡散臭い、とって付けたような諱名ですが、それはともかく、いずれも「タラシ」が共通します。そこで歴代の「タラシ」の諱名を拾ってみますと、第六代の孝安は別として、七世紀になって舒明「タラシ」、舒明の皇后は即位して皇極、重祚して斉明「タラシヒメ」は神功と全く同じ、しかもこの母系は成務、仲哀、神功と同様いずれも近江、若狭、越前などの北陸西部に拠る息長氏に関係する系譜です。ただし「ワカタラシ」の成務につい ては必ずしも母系が詳かではありませんが、宮居は息長氏の勢力圏である景行の死去の地・高穴穂宮です。

「タラシ」の諱名を七世紀の喪葬に息長氏山田公が歴代の日継の次第を誄に詠んだことに関係づけ

たとは、『記紀』編纂者はなかなかに深遠の思慮と言うべきです。

とくに神功と斉明の「タラシヒメ」の符合は諱名だけではありません。仲哀は西征して筑紫へ、神功は新羅遠征で、女帝斉明も新羅遠征でいずれも筑紫に入り、仲哀と同様筑紫で死去します。皇極（斉明）の皇太子は筑紫で即位して天智、その年天智の皇女（持統）は筑紫で皇太子草壁を生んだあと大津皇子を討ちます。神功は遠征後皇子誉田別を生み、帰って香坂・忍熊の二皇子を討ちます。よく似ております。

皇極すなわち斉明は舒明とのあいだに二皇子（天智、天武）と一皇女（孝徳の皇后）を生み、天智の皇女（持統）は天武の皇后、その皇子草壁は文武、元正の父です。ほぼ一世紀の間、女帝斉明の権勢は天皇日嗣に強烈に影響を及ぼします。

七世紀、大海人皇子は壬申の乱後即位して天武となり、天武十年『紀』序文に記すように邦家の経緯・王化の鴻基を伝えるため帝記および上古の法事を校正したとあります。『記紀』編纂の開始です。七世紀の「タラシ」を称する王家が成務・神功の名を四世紀後半の皇統譜に挿入しなかったとは断言できません。「ナカタラシ」という王位継承の中間者的諱名の仲哀の最初の宮は成務の行宮であった笥飯宮、仲哀のあとの応神は笥飯大神と名を交換したとあります。

成務、神功の陵墓は奈良市北部の佐紀、仲哀は大阪藤井寺市岡ミサンザイ古墳、応神は羽曳野市誉田御廟山古墳と、いずれも四世紀前葉の王墓と異なる地域です。陵墓治定については問題を含みますので後述します。

『記紀』の記述は四世紀前半と後半では、内容に脈絡がありません。前半では諸神祭祀と西征・東征ですが、後半の仲哀、神功の熊襲討伐は、前半の討伐とは意味が異なります。九州に向かって仲哀は紀伊から出発しますが、これは直線的に大和川から河内に出るコースがとれなかったためであって、神功も出自勢力圏である敦賀から出発したとあるように、北陸や紀伊地域に拠る海部の勢力が、大和勢力を擁して半島への関与に向け、その海路を掌握するための出兵であったことは明らかです。岡県主の祖・熊鰐が、また伊都県主の祖・五十迹手が神器を掲げて迎えたとあるように、倭国連合への参加の実態が、四世紀後半からようやく変質していったことが分かります。一方では列島内の西征・東征を推進する「イリ」勢力、他方では強力な海部の掌握と新羅遠征の「タラシ」勢力が、四世紀後半の中頃まで平行して展開します。

しかし「イリ」勢力といい「タラシ」勢力といっても、大和勢力が分裂して拮抗しているということではありません。分裂や拮抗なら二世紀後半の倭国大乱と同じ状況が列島内に生じているということになります。そうした兆候はこの四世紀前・中葉には全くありません。そうではなく、連合王の周囲にある王権を担う中枢勢力が、大きく別れて互いに展開しているという図式であります。『三国史記』という半島の史書があります。『記紀』より後出ですが、述作に両者照合はないといわれております。また高句麗の五世紀はじめの広開土王碑に刻まれた一七七五字に及ぶ碑文がありますす。いまこれらと『記紀』を対照しながら、四世紀後半の倭国内と半島との関係をみてゆくことにいたします。

三六五年の『新羅本紀』に四代脱解王は倭人とあります。また三六四年には「倭兵大いに至る」とあります。同年百済の使者が卓淳（大邱）を訪れて倭国との国交仲介を依頼したとあって、年代の乱れは多少ありますが、翌年倭の使者（斯摩宿禰）が卓淳を訪れたのでこれを百済に送りとどけております。百済肖古王からは使者の従者（爾波移）に対して織物、絹、弓のほか鉄鋌四十枚が贈られます。高句麗と緊張関係にあった百済は、背後の新羅に関与する倭国との親交を図ったものと思われます。『記紀』神功摂政四十六年と記します。

三六七年、百済と新羅の使者が倭国に来ましたが、途中百済の貢物を新羅の使者が奪ったので、神功と太子（誉田別―応神）は那加比跪（千熊比彦）に新羅を討たせることにします。『百済本紀』は同年「百済は倭に遣使」とあります。二年後の三六九年、百済と高句麗との間で軍事衝突が起き、同じ年、間隙を縫うように倭国は新羅に侵入します。倭は上毛野氏の祖・荒田別と鹿我別らを派遣し、木劦斤資らと組んで新羅を討ち、比自忼以下の七ヶ国と比利以下四ヶ村と忼弥礼を破り、このとき以後倭は狗邪韓国以来ののちの任那大半を支配するに至ります。

木劦斤資について触れておきますと、その子満到は変幻自在な人物で、半島と倭にまたがって行動し、五世紀末になって倭の王権中枢に深くかかわる人物と重なりますが、半島の同族は七世紀まで半島と倭国との間を担う枢要な外交官でした。

三七一年、百済は高句麗に浸入して高句麗故国原王を殺し、翌年東晋に朝貢、冊封されて楽浪大守の称号を得ます。同年百済肖古王は七支刀一口、七支鏡一面を贈ります。いま奈良石上神宮の神宝とされる七支刀であるとされ、これには次のような銘文が刻まれております。

泰和四年〇月十〇日丙午陽造百練鉄七支刀辟百兵宣供候王〇〇〇作先世以刀来未有此刀百王世子奇正聖音故為和王旨造伝不〇世

（泰和《太和》四年《三六九》四月十一日百済王肖古王は太子貴須と共に倭国の旨により両国の親交が永久に変わらないよう百練の鉄でこの七支刀を造った）

百済は倭国と同盟を結んだ三六九年にこの七支の刀を造り、これを三年後に贈っております。『記紀』によれば、その頃忍坂にあった大和連合王の武器庫を大伴氏に管理させていたものを、あらためてこれを物部氏に治めさせることにしたとあります。その周辺には物部氏族の墳墓と目される五世紀はじめの前方後方墳西山古墳（全長一八〇メートル）その他の古墳が築かれております。

石上神宮の周辺には古社が多く、神宮から少し離れた北方の天理市別所の小高い丘の藪に覆われた樹木のなかに山辺御県神社があり、その北の和爾町を通る国道から永い参道をゆるやかに登った東大寺山西麓には和爾下神社があります。その神社敷地は四世紀末の古墳ですが、東側裏手の丘にも同時期の造営になる前方後円墳・東大寺山古墳（全長一四〇メートル）があって、後円部の割竹式木棺から出土した鉄刀にも金象眼銘文があります。

中平〇〇五月丙午造作文刀百練清剛上応星宿〇〇〇〇

「中平」は後漢霊帝の一八〇年代で、ちょうど倭国大乱のころであるところから、霊帝から倭国擁立の女王卑弥呼に与えられたもの、あるいは三世紀前葉魏の明帝から贈られた鉄刀二口の一つではないかといわれております。しかし大乱後の一九〇年前後に卑弥呼に与えられたとしますと、魏朝はまだ成立しておりませんし、成立したあとの贈与としても明帝からとするには「中平」年紀が不自然です。

そこで記述の時代をここで二〇〇年ほど遡って、もう一度二世紀末から三世紀初頭の時代を俯瞰してみますと、一八九年遼東大守公孫康が帯方郡を興して以後二三〇年代まで、「倭・韓ついに帯方に属す」時期が続きますが、その直前の時期、霊帝が公孫氏牽制の意味もあって贈った可能性が考えられます。

そして後漢ですが、その頃後漢は乱れに乱れて宦官二千人が殺戮され、宦官と王族外戚との権力闘争、ついに帝都洛陽の焼亡と続きます。後漢贈与とすれば、倭国大乱のはじめの時期かその直前ということになります。とするとあながち卑弥呼とは限りません。それどころか女王擁立前の卑弥呼以外の倭国内の別の地域の王、例えば伊都国王か奴国王でも、吉備国王でも出雲の王でも丹後の王でもいいわけで、可能性とすればこれらの王が第一候補にあげられると思います。あるいは大乱直前か直後、直接人も鉄刀も後漢か帯方から倭国に渡来したという見方は、あまりに大胆でしょうか。後漢乱れて半島に流入する漢人多しとされていますし、後世、倭国内で公孫康の裔を称する氏族もおります。

　出土した銘文中平鉄刀の冠頭部はその後の倭国内での修造であるところから、約二〇〇年間にわたる伝世後、なんらかの理由で古墳被葬者とともに埋葬されたものと考えられます。修造冠頭部の造形は北部九州地域出土の刀柄冠頭との類似が指摘されております。

　次に、東大寺山古墳の地は和珥氏の本拠地です。のちこの氏族は奈良春日郷に移って春日氏を称しますが、神武紀では和珥坂下の土族・巨勢祝を討つとあります。崇神紀には和珥氏の祖・彦国葺が孝元の子・埴安彦を討つとあって、記述からみて彦国葺は埴安彦と面識がありそうで、以前からの古い氏族であった疑いがあります。また神功紀の忍熊王討伐にも和珥氏・武振熊は大彦命とともに山城から近江に転戦するなど、この氏族は本来大和勢力内にあって大和中心勢力に古くから関係する武人、また銘文中平鉄刀を伝世するような氏族でもあったとみてよいのではないかと思います。いずれにしてもこの討伐は、大和勢力が近江から北陸丹波にかけた勢力をとり込んでいった争いでした。その後こうした地域の氏族は大和勢力の中枢に入って長く王権を支えることになりますが、それには和珥氏が重要な働きをします。

　仲哀紀に大臣・武（建）内宿禰、四大夫に物部、大伴、三輪、中臣の名がありますが、以後半島との関わりのなかではこれらの氏族から武（建）内氏のみが現れ、この傾向は仁徳紀までかわりません。四世紀以前からの氏族で記載されているのは、上毛野以外は葛城とその同族のみです。吉備、和珥、物部の氏族は熊襲と忍熊王討伐、石上神宮祭祀に登場するのみで、とくに大豪族大伴の名は全くありません。あるいは大伴氏族は前記した大和「イリ」勢力内の有力氏族ではなかったかと思われます。「タラシ」勢力の記述には入ってこない氏族です。

摂政六十六年（?）夏神功皇太后逝去、齢百歳とありますが、応神の百十歳とともに疑問なしとしません。不老長寿の武（建）内宿禰にしても、『紀』では紀氏の子とされておりますが、巫女的な神功の新羅遠征時に突然のように出てくる人物で、応神と笥飯大神との名の交換という抽象的な説話に随行するように、一貫して「イリ」勢力から「タラシ」勢力への橋渡し＝名の交換という審神者の性格が与えられ、歴史記述の潤滑剤としてはともかく、その実存が疑われます。葛城・平群氏の祖とされていますが、本稿では実存の人物とはいたしません。氏族集団の性格をあらわした、合成された抽象的人格とみます。

四世紀後半、列島内全体に前方後円墳が及んだのは、王族を中心とした有力氏族の分担、また「イリ」中枢勢力と「タラシ」中枢勢力の同時展開と前述しましたが、近畿周辺に展開した有力氏族のうち、四世紀後半までに、「タラシ」と称する勢力と「イリ」の勢力の間で、力の均衡がくずれてきたのではないでしょうか。もちろん『記紀』の記述すべてを事実とみるわけではありませんが、もっぱら大和とその周辺のみに現れる和珥、全くその名の記載のない大伴と比較して、葛城とその同族の顕現は異様です。四世紀前半から後半に至る間の朝鮮半島における濃密な交流のほとんどは、その葛城一族と渡来氏族によって占められているといっても過言ではありません。こうした半島での利権の獲得が「タラシ」中枢勢力と大和「イリ」中枢勢力の力の均衡に影響を与えたとみられます。

それを証するように奈良南東部の纒向、柳本、大和各古墳群に代わって奈良北部や西部に顕著な古墳の造営がはじまります。纒向を中心とする地域にはその後も前方後円墳、後方墳、双方中円墳が引き続き築かれますが、いずれも全長一〇〇メートルクラスのものばかりで、巨大古墳は姿を消し、それまで古墳の造営のなかった奈良北部や北西部に二〇〇メートルクラスの古墳が連続して現れます。

その一つは奈良北部の秋篠川と佐保川に挟まれた丘陵南斜面、佐紀と呼ばれる西部に四世紀中葉から後末期にかけ、五社神古墳（全長二七六メートル、神功陵に治定）、佐紀陵山古墳（全長二〇八メートル、垂仁の皇后日葉酢媛陵に治定）、佐紀石塚山古墳（全長二二〇メートル、成務陵に治定）、佐紀の南方にやや離れて宝来山古墳（全長二二六メートル、垂仁陵に治定）と続き、さらに五世紀に入って東に隣接する佐保の地にヒシャゲ古墳（全長二一八メートル、仁徳の皇后磐之媛陵に治定）、ウワナベ古墳（全長二六五メートル、陵墓参考地）、コナベ古墳（全長二〇四メートル、陵墓参考地）、また佐紀・佐保の中間に位置して市庭古墳（全長二五〇メートル、平城陵に治定）と、ほぼ前方部を南面して並存するところから同古墳群を佐紀・佐保盾列古墳群と称しております。

これらの古墳は陵墓もしくは陵墓参考地とされ調査不能です。副葬品など詳細は分かっておりませんが、ウワナベ古墳からは多量の鉄鏃の出土が記録されております。朝鮮半島産出の鉄であることが判明しておりますが、もちろん三六五年の百済肖古王からのものであるかどうかは確認できません。これらの古墳の大部分は渋谷向山古墳、行灯山古墳と同様周濠を有していて、こうした構築はのちの古市、百舌鳥各古墳群に引き継がれます。

四世紀後半の時期に宝来山古墳を含めて全長二〇〇メートルを越す古墳は四基、ともに王墓もしくはこれに準ずる墳墓とみられます。けれども、佐紀・佐保全体に言えることですが、陵墓もしくは参考地ということで調査できないことを考慮しても、鏡の出土が全体でただ一面のみとは、奇異としなければなりません。

奈良西部、大和川が奈良に入って葛下川、高田川、葛城川の各支流に別れますが、この河川に挟まれた低丘陵地帯に四世紀後半以後数多くの古墳が築かれ、馬見古墳群と称されております。同群中には前方後円・後方・円・方墳と各種形態の古墳があって、さきの佐紀・佐保盾列古墳群とはその墳形構成に相違がみられ、どちらかと言えば各種形態の古墳の存在する南東部の大和・柳本古墳群に通ずる様相です。四世紀前葉の古墳もあって、それ以後後半に入って前方後円墳の築造に至ったものと思われます。

馬見古墳群中の巨大古墳としては、馬見北部に川合大塚山古墳（全長二一五メートル）、同中央部の巣山古墳（全長二〇四メートル）、新木山古墳（全長二〇〇メートル）、同南部には築山古墳（全長二一〇メートル）がありますが、注目すべきは副葬品の種類とその量です。とくに佐味田宝塚古墳（全長一〇〇メートル）では十五面の舶載鏡を含む三十六面の鏡の出土があり、うち二種の三角縁神獣鏡は四世紀初頭の椿井大塚山古墳出土の鏡と同笵です。また五世紀に入ってからですが、群中の前方後方墳新山古墳（全長一三七メートル）から出土した七面の三角縁神獣鏡を含む三十四面の鏡のうち、一種が同様に椿井大塚山古墳の鏡を同笵します。これら大量の鏡のなかには椿井大塚山古墳との同笵以外に美濃、三河、遠江、さらに遠く玄界灘に浮かぶ沖の島出土の鏡とも同笵関係にあり、四世紀の半島にからむ倭国内の古くからの氏族を考えるうえで無視することはできません。

椿井大塚山古墳被葬者からの三角縁神獣鏡についての疑問をさきに述べましたが、多量の鏡の埋葬はひとり椿井大塚山古墳のみでなく、黒塚古墳にしても同様で、さらにここで馬見古墳群中の二基の古墳からの大量の鏡をみれば、分与か贈与が時代を違えた複数の大和中枢氏族であったことも考慮にいれなければなりません。それも単に三角縁神獣鏡に限らず、別の種類の鏡も含んでいたとみますが、征服と服従の証しの鏡とみるよりは、連合体制への参加、系列を同じくする勢力への配付とみるべきであると思います。馬見古墳群中の大型古墳被葬者はこうした鏡に関係する大和勢力中枢の古くからの有力氏族で、かつ、大和から瀬戸内への出口を扼し、次の「ワケ」勢力への移行にあたり、重要な地位にあった氏族であったと思われます。

さきに養老川右岸の神門古墳群出現の問題についても述べました。例えば出雲地域と同笵の三角縁神獣鏡を出土した上総烏田川下流の手古塚古墳でも、それまで前方後円墳のなかった地域です。三世紀後半、四世紀前半の小櫃川上・下流域の前方後方墳の地域とは、近いとはいえ地形的にも出土土器にも明らかな相違がみられます。三角縁神獣鏡を多く出土する上毛野の地域をみても、たしかに前方後方墳が先行しますが、三角縁神獣鏡出土の古墳氏族との後先が明瞭に見てとれます。前方後方墳の氏族展開後に踵を接し後円墳の氏族が重なって、後方墳あるいは小円墳築造の氏族にあとの氏族から三角縁神獣鏡が分与された可能性も考えられます。

しかし分与説は三角縁神獣鏡に限った話ではありません。東日本の初期古墳に多くみられる後漢・三国鏡のひろがりにしても同様で、柳本古墳群中の天神山古墳や馬見古墳群の被葬者が所持していた三角縁神獣鏡ならぬ大量の舶載鏡や仿製鏡も、同一勢力内への分与と絡んでいるはずです。

三世紀に入って、それまで濃密であった鏡の分布が北九州から近畿に移った経緯について、人と物の移動移住のなかで考慮されなければならないと前項でも述べました。四世紀に東日本に方墳や後方墳が出現すると同時に舶載鏡がひろがりをみせてくるのも、同じ態様です。西日本より遅れて出現した東日本の後円墳、場合によっては後方墳から出土する三角縁神獣鏡は古型に属するものが多いといわれるのも、前漢鏡や後漢鏡の出土と同様の傾向で、既成の古い大和中枢勢力のなかのいくつかの氏族の進出以外にその原因はないと思います。

東日本における古墳の造営が濃尾地域で前方後円墳にかかわるのも、また三角縁神獣鏡以外の舶載鏡から三角縁神獣鏡、しかも同笵する鏡にかかわることも、馬見と濃尾両地域の氏族の関係がそれ以前から濃密であった証左とみられます。前方後方墳から後円墳にかかわるのも両地域共通する変化で、さらに大和古墳群中に方墳の土壇に円墳を加上するという共通する形態の前方後円墳の存在も指摘されております。

多量の船載鏡を有する馬見古墳群出土の同笵鏡が、三河や遠江などの東海道沿岸沿いにあることを考えれば、上・下総への関与も、当然考慮しなければなりません。またこの馬見と沖の島との鏡の分有を視野に入れれば、この氏族の半島への関与も推測されるところです。つまり、馬見古墳群の氏族をある時期「タラシ」中枢勢力を包含した「イリ」中枢勢力と「ワケ」中枢勢力の接点にある氏族と、位置づけたいと思うのです。大和川にあって、近畿から瀬戸内への出口を掌握する勢力でありながら、三河、遠江と同様、ここでは上海上氏族もまた馬見古墳群の勢力とつながる氏族とみます。

馬見古墳群からはそのほか玉類、石製品、特殊な装身具などの出土が多く、多量の副葬品で話題となった島の山古墳（全長一九〇メートル）も副葬品の出土で同じ傾向を示しておりますので、ここで島の山古墳と馬見古墳群を少し比較してみようと思います。

島の山古墳の所在地を大和に含める論文があります。飛鳥川から初瀬・布留川の範囲を古く大和としますと、たしかに寺川と飛鳥川に挟まれた大和川の合流点に近い島の山古墳は大和の範囲に入ります。埋葬品に大量の石製腕輪類、車輪石や玉類が出て一躍有名になりましたが、被葬者は女性という見方もあり、古墳の位置からみて、奈良東南部の大和勢力の中心が、大和川から河内への出口に置いた巫呪を司る巫女のような性格の女性ではなかったかと思います。この古墳にはもう一つ別の主槨の埋葬が指摘されています。

一方、島の山古墳の西約二キロの馬見古墳群中にある川合大塚山古墳は、葛城川の大和川合流点に近く、島の山古墳同様に大和川を扼する交通の要衝に位置しております。立地条件も島の山古墳と同じで、かつ古墳築造規格にも通ずるところがあるようです。仲哀が九州遠征に紀伊から出発したのは大和川からストレートに出られなかったからとさきに述べましたが、ここにきて、大和中枢勢力ははじめて河内湖への直接ルートを目指し、島の山古墳を置いて「ワケ」の中枢勢力への展開を図ります。

馬見古墳群は以後古墳時代末期まで古墳の造営が続きますが、その南の葛城川中流域に、四世紀末になって室宮山古墳（全長二四〇メートル）が出現します。同古墳は佐紀・佐保盾列古墳群同様周濠を有し、三角縁神獣鏡一面を含む十一面の鏡と大量の各種副葬品など、馬見古墳群と類似するところもあって、同群に含ませて論ずるものもありますが、馬見古墳群から約十キロも離れていて、むしろ次代の古市古墳群との関連を考慮すべきです。同古墳は佐紀陵山古墳と石室構造が類似していると指摘されておりますが、石室の石質、表面の文様、白鳥埴輪など、古市古墳群北端の大阪藤井寺市・津堂城山古墳（全長二〇二メートル）と重要な共通点があります。

宝来山、室宮山、津堂城山の三基は造営時期が同時かまたは接近していて、おそらく同一の専家集団によって造営されたものとみられます。馬見古墳群が「イリ」「タラシ」中枢勢力の接点に位置していたとすれば、これと次の津堂城山古墳の「ワケ」中枢勢力をつなぐ位置に、葛城の室宮山古墳が存在します。

仁徳が敦賀笥飯大神と名を交換したとする記述は、「イリ」「タラシ」連合勢力が「ワケ」勢力基盤へ転出する抽象劇であったとすると、随伴の審神者武（建）内宿禰は、構築が佐紀陵山古墳とも津堂城山古墳とも通ずるという室宮山古墳ということになります。ところが武（建）内宿禰は実存の人物にあらずとさきに記しました。葛城氏族の抽象名とも指摘しました。そこで、強いて被葬者を同定するとすれば、葛城襲津彦（曽都毘古）という線におさまってしまいます。襲津彦は虚像武（建）内宿禰の子とされておりますが、この時代にほぼ実存が確認されている人物で、襲津彦の妹とされる怒能伊呂比売は応神と、また女と記される磐之媛（石之比売）は仁徳と結ばれております。仁徳と八田若郎女の間を嫉妬して山城に退く途中の郡羅山から、大和のあたりを振り返って詠んだ磐之媛の悲歌の古里は「葛城の高宮」、室宮山古墳にも近い、いまの一言主神社の近くといわれております。

なお、仲哀の后・神功（息長帯比売＝帯足姫）の母は葛城と但馬にまたがる出自をもつ葛城高額媛（高額比売）であるとも記されます。四世紀前葉前から後半にかけ、葛城氏族一色の感がありますす。

このほか大型古墳をかかえる古墳群を数えますと、四世紀後半に限ってみても、和泉・松尾川中流には摩湯山古墳（全長二〇〇メートル）が築かれていて、同時代佐紀・佐保・馬見・葛城以外にも大和連合王に比肩されるいくつかの強大な氏族勢力があったことを見逃すことはできません。しかもそれはまた同時多発的な大型古墳造営を可能にするような連合体制でもありました。

大型古墳の造営に人と歳月を要することは想像に難くありません。少なくとも佐紀・佐保地域の人々だけで、規模二〇〇メートルを越える古墳と周濠を相次いでつくりながら、他方馬見や和泉地域でもそれぞれの地域の人々だけで同規模の古墳を造営するなどはほとんど不可能です。おそらく近畿全域とその周囲近郷を巻き込んだ有力氏族の共同的な事業であったと思います。だからこそ類似の古墳造営、材料の同質性などが生じたのです。大型古墳の造営が、近畿各地であまり時期を違えずにできたということは、少なくとも近畿一円有力氏族の併存という状態が生じたということでもあります。

主に列島内を大和連合体制推進に協同してあたっていたいわゆる「イリ」諸勢力と、他方、主に日本海海路の掌握から朝鮮半島に進出していった「タラシ」諸勢力が併存し、次第に「タラシ」諸勢力に大和連合の主導権が移っていったなかで、一種の王権機能の分担という状態が出現していたのではないかと思います。この場合「イリ」諸勢力にしろ「タラシ」諸勢力にしろ、半島南部における権益の確立から、北陸からのルートが本格化するに従って、「タラシ」諸勢力の力が増大し、瀬戸内海を経て北部九州からの強力な「ワケ」ルートがこれに加わるに従って、纒向にあったそれまでの王権を支える「イリ」中枢の主導権が次第にこの「タラシ」諸勢力に移譲されていったことはほぼ間違いありません。

纒向周辺の古墳規模の縮小は、さきに述べた同時期複数の大型古墳の造営を促す要因であり、また『記紀』皇統譜が成務、仲哀と諱名のない天皇を入れ、神功という巫女的神格を、そして審神者的位置に武(建)内宿禰を登場させた状況がここにあります。

佐紀・佐保盾列古墳群を「タラシ」中心勢力とみましたが、『記紀』の記述でみるかぎりこの地域の被葬者は、垂仁の后ヒバスヒメ（佐紀陵山古墳に治定）、成務（佐紀石塚山古墳に治定）、神功（五社神古墳に治定）と、ほかに奈良山に葬ったと記される大山守皇子で、仲哀に至っては大阪藤井寺市岡ミサンザイ古墳であるとされ、巨大古墳の被葬者がいかなる氏族であるかは全く隠れてしまいます。この地の東縁から北部にかけては和珥（春日）、息長氏族の勢力圏です。「イリ」「タラシ」と「ワケ」の接点に位置する馬見古墳群の地は、東縁は大和纏向を中心とする氏族、西縁は平群、尾張（高尾張）、葛城、鴨（加茂）の葛城同族かまたは親縁の諸氏族で、これを大きく囲むようにして物部氏族が河内まで展開します。「ワケ」中枢勢力の有力氏族です。

これらの氏族を辿ってゆきますと、ほとんど天皇外戚か天神系となってしまって、『記紀』に隠れてしまうとさきに記しました。それらの地域にはそれぞれの祖神を祀る古社もありますが、その祖神にしても『記紀』神代譜で系列化しているために、上海上氏族と同様、氏族の出自を見究めることは不可能なようです。例えばのち出雲国造が神賀詞で述べるように、出雲の祭神「大国主命」と大和三輪の祭神「大物主命」を同一神とし、主な出雲の神を王統鎮護の神として大和に移したと述べたことで、葛城鴨の祭神「言代主命」を大国主命の子とし、高鴨氏族も出雲から移り住んだとするなどです。

馬見古墳群が葛城同族と接する地にあること、同笵三角縁神獣鏡が椿井大塚山古墳から馬見古墳群、三河・駿河・相模から房総の地につらなることを思いますと、『記紀』神代譜が先か古社祭神が先かの深遠は本稿の届くところではありませんが、上海上氏族が出雲系と言い伝えるのも、鴨氏族や三輪氏族のように、いや大方の氏族系譜のように、八世紀以後、『記紀』のなかに出自を求めた結果ではないかという疑念が拭いきれません。そうでなければ、氏族の伝承をもとに八代の欠史を復元しなければなりません。

国造氏族については多くの論文を目にします。ほとんどの論が南関東展開の氏族を出雲系としております。出雲の遠祖・須佐之男命の社は南関東に散在しますが、鳥取にある天穂日命や天（建）比良鳥命を社名とする神社は、上海上の地には同系の忍立比多比命を含め、寡聞にして知りません。姉崎神社の祭神の志那戸辺（志那津比古＝級長津彦）は出雲に関係しない神で、大和川の河内への出口にある龍田神社と同様、古くは葛城から紀の川への出口の風の森峠に祀られた神です。

四世紀後半からは、主に北陸路から「タラシ」中心勢力が、瀬戸内海路を掌握する「ワケ」中枢勢力とともに鉄資源や鉄製武具を求め、前代から交流の深い新羅への関与をはじめたものと思います。『記紀』では成務、仲哀、神功と記される実年代がいつであるか判然としませんが、三六〇年代にすでに神功、応神に武（建）内宿禰の名が記されております。存在が疑われる神功、武（建）内宿禰を除くと応神のみとなりますが、その応神のもとの名は去来沙別（イザサワケ）、筥飯大神と名を交換して誉田別（ホムタワケ）となったとあります。これは武（建）内宿禰を介しての「タラシ」系から「ワケ」系への主導権の移行を意味しています。移行か吸収か、あるいは交代を促したのは、一つには「ワケ」中枢勢力が筑紫の有力な海部氏族阿曇氏族を掌握したことで瀬戸内海路が本格化したこと、二つには半島情勢の変化にありました。

百済から倭に七支刀が贈られたあとの三七五年、百済肖古王が死亡します。同年高句麗が百済に侵攻します。百済は貴須、枕流と王位が続きますが、王室の内紛のあと辰斯王が立って高句麗との間で攻防が続きます。この間高句麗と新羅は中国前秦に朝貢しております。百済と同盟関係にあった倭国の動向は史書にはほとんど記されておりません。すでに三七〇年代は大和連合の主導権は「ワケ」系に移っていたとみられます。すなわちホムタワケ、応神であります。

三八二年になりますと百済は高句麗の勢威に押されて高句麗と通じ、倭国に反抗するようになったので、倭は沙至比跪（葛城襲津彦）を新羅に送ります。ところが沙至比跪は新羅でなく加羅を討ったので倭はあらためて木劦斤資を遣って加羅を救わせ、ために沙至比跪は帰国を憚り岩穴に入って死んだ、と『百済記』を引用して『摂政紀』に記し、別に応神十六年紀には武（建）内宿禰の子・木菟宿禰を加羅に遣って新羅を攻め、同族沙至比跪とともに弓月君を率いて還ってきたと記します。

『記紀』の年代に相違がみられるほか『百済記』では木劦斤資、『紀』では木菟斤資とされますが同一人物と思われます。また木劦斤資の子・満到は任那を委任され、百済の国政にもあずかり帰って倭に仕えたとありますが、倭に仕えたのは五世紀に相当する年代で、これがさきに倭の王権に深く関わると記した事柄です。

葛城襲津彦を襲（熊襲）の国の人とみる説がありますが、本稿ではこれをとりません。日向襲津彦という人もあるように、つまり人名の頭に「日向の」あるいは「葛城の」と地名を冠します。葛城襲津彦も葛城地域を本拠とした氏族の長と解します。前述したように本稿では宮室山古墳の被葬者とし、また『記紀』では仁徳の皇后磐之媛の父としています。

仁徳と同じ日の生まれだという木菟宿禰にも記述の乱れがあって、仁徳は応神二年皇后仲姫の子として生まれたとしながら、翌三年にはもう木菟宿禰を百済に派遣したとあります。その仁徳も誕生にまつわる謎めいた説話があって、仁徳が生まれた産室にミミズクが入ってきて、同日生まれの木菟宿禰の産室にはミソサザイが入ってきたので、その名を「互いに交換して」子に名づけようと、サザイの名をとってオオササギ（仁徳）、ミミズクの名をとって木菟としたと記されています。そういえば、成務と誕生日が同じとされる武（建）内宿禰も、笥飯大神と応神との名の交換に関与しています。同じような話が二代にわたって記されています。四世紀後半の『記紀』一連の演出家・不老長寿の武（建）内宿禰同様に、木菟宿禰も謎深い人物であります。平群氏の祖とされますが、本稿ではこの人物も疑問視します。

さて『記紀』と『三国史記』には記述に整合性がないといわれていますが、真実でしょうか。両者照合転記の疑いは拭えません。照合なしとしますと、『三国史記』以外の記録か、あるいは四世紀後半に倭国と半島に深く関わった氏族の伝承が、四世紀の『記紀』記述に明らかに痕跡をとどめているとみます。少なくとも武（建）内宿禰に象徴される木菟氏も葛城氏も、ともに四世紀初頭からの「イリ」中枢勢力の氏族ではなく、ある時代から葛城かその周辺に拠った、但馬地域とも交流のあった氏族と思われます。
「イリ」系から「タラシ」系へ、「タラシ」系から「ワケ」系へと、二度にわたる主導への移行に、『記紀』は名の交換という、抽象的な、謎めいた説話を入れました。王位の断絶・交替論の生まれるところであります。

戦後、歴史学においては「王朝交替論」が台頭しました。朝鮮半島を南下した氏族が九州に侵入し、一世紀足らずして王権を近畿に確立したとする騎馬民族征服論、あるいは倭国連合女王卑弥呼を倒して九州に君臨した狗奴国男王が遠征の仲哀に勝って東征し、三輪王朝を樹立したとする説です。

由来、被征服民族の歴史は抹消され、新しい征服民族の歴史がこれにとって代わります。しかし征服民族が、被征服者、すなわち敗者の祭葬儀礼即首長権継承儀礼を踏襲するでしょうか。近畿王権中枢の有力氏族の均衡のなかで、また朝鮮半島との間で間断なく繰り返される利害争奪の争いのなかで、全く新しい別の王位が入り込む余地はありません。この時期、近畿とその周辺に倭国大乱時のような形跡もありませんし、四世紀前葉に樹立された前方後円墳という古墳形態も、見られるようにかえってこれに統一されるかたちで推進されます。中枢のある氏族勢力が王位を奪うとか、全く別の王権を樹立したとすれば、事態は列島全域を巻き込む騒乱、二世紀後半の倭国大乱の再来となるはずです。

大型古墳の築造は王家だけでできるものではなく、有力氏族をあげた総合力であるのは論を待ちません。大型の古墳築造の地が大和纒向から二転三転するのも、王権をとりまく中枢勢力の拠点の変遷によるとみれば、王朝（？）交替論を出すまでもありません。

百済王からの贈与七支刀も、大和連合王の重要な祭祀に関わる、あるいは王族の武器庫に管理されていたであろうことからみても、大和連合勢力以外の、全く別の王位による王権交替とはうけとれません。「王朝交替」ではなく、王権機能の変革をともなう複数併存から、王位をとりまく中枢勢力の主導権が他の主勢力に移行していったということです。王権機能の変革とはなにかといえば、祭政合一の王権が、ようやく祭祀と政治という分離の方向を示しはじめたことです。

さきに王権機能の分担とも述べましたが、大和連合王とこれをとりまく中枢の近畿有力氏族と、さらに加えるなら吉備や尾張の勢力による列島内における連合体制の推進で、四世紀中葉からの武闘的勢力が増大するにつれ、相対的に王権機能の分散化に似た状態が一時期生じたと認めなければなりません。それとともに朝鮮半島での争いが激しくなるにつれ、また半島と倭国相互の交流が盛んになるにつれ、その影響から、王家を含む首長氏族に男系継承の意識が芽生えるようになりました。

半島からの武器武具類、鉄資源などの直接的な入手が増加し、大和勢力の王位は、次第に「ワケ」中枢勢力に依存する状況を示しはじめます。

決定的な要因は半島での利権獲得、文物の入手に欠くことのできない海路の掌握、言いかえれば列島内の海部氏族を直接隷属させたことにあります。その最大の氏族とは、大和三輪を中心とする「ワケ」系の中心氏族である品陀真若王の娘・仲姫を娶った「タラシ」系をひく誉田別（応神）のあと、連合中枢の有力氏族からひとしく認められた葛城襲津彦の娘とされる磐之媛を娶った大雀（仁徳）という「ワケ」系の王であったとみます。海路は瀬戸内海路に、外交権は「ワケ」に専有されます。

東国で上海上氏族が四世紀末の一時期、前方後円墳から円墳築造を強いられたのは、こうした狭間に生じた変化です。海部氏族として大和勢力の拠点的役割を担ってきた上海上氏族は、大和諸勢力のなかの主導権の移譲と、「ワケ」中枢勢力の地方首長に対する新たな対応に、一時的ながら円墳の造営を余儀なくされたのち、再び強力な「ワケ」王家の管掌下で、房総から常陸、東北南部への東国経営の尖兵基地として、以後も海部を主とする任にあたっていたものと思われます。『記紀』の記述を全てうのみにするわけにはゆきませんが、仁徳五十五年の上毛野田道東国派遣は、東海から上海上に対する「ワケ」勢力の直接的な介入を窺わせます。時期は全長五〇メートル余の海保大塚古墳出現前とみます。

応神のあとを継いだ仁徳は兄・大山守命と和珥氏系の弟・菟道稚子命との間で王位の奪譲事件があって、三年の空位のあと即位したと記すように、他の王族との間で、王位の継承は平穏ではあり得ませんでした。

三八五年、百済辰斯王が立つと百済は倭に抗し、ために倭は使いを送ってその非を責め、辰斯王は殺されます。百済と高句麗との間で再び攻防がくり返されますが、三八七年、百済は東晋に朝貢して百済王の称号を得ます。中国権威を楯とする高句麗対策です。

列島では半島からの鉄鏃、武器武具類が増加し、三角縁神獣鏡を中心とする三世紀以来の後漢・三国鏡に代わって江南系の画像鏡や獣帯鏡が多くなってゆきます。

高句麗・高開土王碑によりますと三九一年、倭は百済、加羅、新羅を破り、この国々は「みな倭に通ず」とあります。倭国の利権が半島南部に浸透したことが知られます。同年百済は新羅に侵入するとすかさず高句麗は百済に攻め入ります。高句麗の脅威に百済・阿花王は三九七年、倭との同盟強化を求めて太子直支を倭に送り、倭・百済対高句麗の関係はいっそう緊迫してくるなかで、列島各地の首長と新たな体制づくりをすすめる王家と「ワケ」中枢の有力氏族は、あらためて大和王朝をかたちづくりながら半島での利権拡大を図ってゆきます。

『記紀』はすでに応神七年高麗、百済、新羅、任那からの人々の来朝を記すように、さきの弓月君のほか東漢氏系の祖・阿知、西文氏系の祖・王仁その他半島からの渡来人が多くなります。こうした交流によって半島での社会制度の知識や新しい技術の導入などがすすみ、社会的基盤が充実するとともに複雑化し、王家と有力氏族、また各地の首長氏族との関係は、次第に整備されてゆくようになります。

すでに四世紀初頭から近畿地域の有力氏族と組んで全国的な擬制同族連合を推進していった「イリ」系の中枢勢力は、「県」と呼ばれる王領を畿内から西日本各地に設定して、地域首長氏族の持つ祭祀権を隷属させ、王家に対する物品や労役の貢納を実施しております。四世紀後半になって、それまで王権中枢勢力の軍事面物質面を担ってきた近畿地域の有力氏族は、新しい技術を持った渡来人を一定の地に住まわせ、武器武具類の製造加工、鏡の製造、土器の製作、新技法による織物など、それぞれ分業させ、専門ごとに「伴」として組織し、王家や中枢機構への労役貢納につかせるよう管掌、これを部民制としてとり入れるようになります。

一方、各地の首長氏族も生産性の増大から、首長氏族の富の専有や蓄積がすすむに従って、共同体内の主導権は政治的権威にかわり、それまでのゆるやかな結帯が崩れ、首長と地域集団内の人々との間に支配と従属の新しい関係が生じてきました。

こうした政治的権威のもとで独自の地域集団を形成していった地域首長氏族にも、先進的物資の取得などから近畿中央に対する依存度が増し、やがて集団は首長を介して同族というかたちで「ワケ」の中枢勢力に組み込まれてゆきます。王権とのこうした新たな関係は、東国経営の基地としての港を有する海部・上海上氏族にとっては、とくに直接的でありました。

鉄鏃の出土状況をみますと近畿の大和、和泉、播磨、近江のほか、西日本では伊予、吉備、豊前、豊後、筑紫など瀬戸内海の海路の要地に、東日本では主に相模、上総など海路での東国経営上重要な地点に限られて出土しており、上海上氏族が近畿内主勢力の直接的な影響下にあったことが分かります。もちろん農耕その他生産用具のほか鉄刀、金銅製武具・装身具なども運ばれたでしょう。

王権機能を分担していた中枢有力氏族も、主導権を得た「ワケ」王家にその機能を集約してゆく傾向を示します。連合体制、擬制同族的な連帯からの政治的変革です。

四世紀中葉まで東日本各地で使用されていた東海系土器は、四世紀末までに近畿系のいわゆる和泉式土器に代わります。大集落が解体して少数の世帯単位に拡散するのもこの時期からで、生産性の向上もありましょうが、おそらく血縁・肉親重視のあらわれであろうと思います。富と権威を得た首長氏族に、系譜という観念が醸成されます。

古墳への副葬品も主に呪霊的信仰的なものから馬具、甲冑類に転換し、剣から刀への変化、広範な地域での伝世鏡の埋葬などがみられるようになります。より祭祀的な王権からの、また地域首長から政治的権力への、世襲王権にみられる指向であります。

五世紀の倭の五王

西紀四〇〇年、倭・百済連合軍は新羅に侵攻し、救援の高句麗軍と衝突します。翌四〇一年、高句麗が中国北部の後燕と争うなかで、窮地にさらされた新羅は王子未斯欣を倭に送って交を修します。百済阿花王が倭国からの遣使をもてなした四〇三年、さらに新羅と争い、翌四〇四年に倭は再び百済と組んで遠く高句麗の帯方の地を侵しますが、高句麗の反撃にあって大敗することになります。高句麗広開土王碑に曰く、「倭寇壊滅し惨殺すること無数なり」。

翌年倭兵百人に送られて帰国した直支が腆支王となった百済は、四〇六年には晉に遣使しております。その翌年、後燕と争う高句麗の間隙をぬって再び倭は高句麗に攻め入りますが、ここでもまた撃退されてしまいます。

四〇八年、倭は百済に遣使しておりますが、これは高句麗侵攻の失敗から、半島南部の利権確認が主な目的ではなかったかと思われます。以後倭王政権は専ら列島内の支配体制の整備にあたることになります。仁徳五十五年と記す時期、上毛野田道の東国派遣の記事もこれに関係している疑いがあります。あらためて後述しますが、仁徳の死はおそらくこのころであったとみられます。

百済遣使から数年を経た四一二年に高句麗の広開土王も死亡します。高句麗の半島南部への侵攻も一時なくなります。

そして再び中国正史に三世紀以後途絶えていた倭国の記事があらわれます。すなわち『晉書』安帝紀の義熙九年（四一三年）「倭国方物を献ず」、またこれに対応するとみられる記事が『梁書』諸夷伝・倭（以下「梁書倭国伝」）に「晉安帝時倭王賛有り」とあって、以後『南斎書』『梁書』を含め『宋書』などに倭国からの遣使貢献と中国からの称号授受、いわゆる冊封記事が続きます。

書きおこしておきますと、宋・武帝の四二五年に、「倭讃朝貢し除授を賜う」（宋書倭国伝）とあって、同じく文帝の四二五年には「倭讃、司馬曹達を遣して方物を献ず」（宋書倭国伝）とあり、正確な年代不詳で、「倭讃死し珍立つ。使を遣して貢献す」（宋書倭国伝）とあります。同じ文帝の四三〇年には「倭国王使を遣し方物を献ず」（宋書文帝紀）、以下四三八年に「珍遣使入貢を記し、珍を安東将軍倭国王とし倭髄ら十三人に軍号を授く」（宋書文帝紀）と重要な記述があります。

四四三年、これも文帝の時代ですが、「倭国王済遣使奉献復以て安東将軍倭国王とす」（宋書倭国伝）、同四五一年、「倭国王済に使持節都督倭・任那・加羅・秦韓・慕韓六国諸軍事を加え、二十三人を軍郡に除す」（宋書倭国伝）と続き、年代不詳ながら、「済死し世子興遣使貢献す」（宋書倭国伝）とあります。

四六〇年になりますと、「宋の孝武帝紀に倭国遣使貢献す」と記されます。

また四六二年孝武帝の時代には「倭王世子興を安東将軍・倭国王とす」（宋書倭国伝）とあり、再び連記のため年代不詳ながら「興死し弟武立ち自ら使持節都督七国諸軍事安東大将軍倭国王と称す」（宋書倭国伝）と、倭国王の交代を記してあります。

引き続いて宋の順帝の四七七年に再び「倭国遣使貢献す」、さらに四七八年、「倭国王武を安東大将軍となす」（いずれも宋書順帝紀）のあと、倭国王遣使上表文を提出しており、その倭国王武を「六国諸軍事安東大将軍倭国王となす」と宋書倭国伝は伝え、その上表文を掲載しております。

四七九年、斎の高帝は「倭王武を鎮東大将軍となす」（南斎書倭国伝）、同五〇二年に梁の武帝はその倭王武を「征東大将軍にすすめる」（梁書倭国伝）とあります。

右の正史に帰される五世紀の倭国王は讃（賛）から珍、済、興、武とあって、一般には「倭の五王」と呼ばれております。本稿では三世紀末に中国の記録がなくなった以後、『記紀』と『三国史記』に考古学的資料を加えて主に四世紀を検討してきましたが、以下これに『宋書』などを対比しながら五世紀を見てゆくことにいたします。

倭国王の中国名は、その一部の音をとって漢字にあてたものと思われますが、その倭国王の名を『記紀』のどの天皇に対応するか、種々論じられております。本稿ではこれらの比定論の詳細を省略し、讃―履中、珍―反正、済―允恭、興―安興、武―雄略と同定して、それぞれの年代を事蹟にさきだって簡単に記しておきます。

仁徳を五王に含める論文もありますが、本稿ではこれをとりません。『記紀』の記述からは応神崩御三九四年、仁徳同四二七年と推論されますが、少し疑問があります。『梁書』に「安帝時倭王賛」とあって、さらに四二一年に『宋書』に倭讃の朝貢記事があります。従って仁徳の崩御を高句麗広開土王の死の四一二年を遡っても一、二年前とみます。仁徳の時代であったと思われますが、五世紀に入った十年代までに、宮を難波高津宮に移すと同時に難波津、住吉津、榎津を開きました。もちろん瀬戸内海路を主とする半島との交流が盛んになった関係です。

また『記紀』によると、仁徳は生前河内の石津原に自らの陵墓を選定して造営を開始しております。二十年後、石津原の百舌鳥野（毛受の耳原）に葬られ、従って築造は四世紀末から五世紀はじめ、寿陵ということになります。いま河内大山古墳に治定されております。高句麗の出兵も記されず、「天下は平か」で、晩年の「二十余年無事であった」と記されています。

前後しますが、ここで応神の宮をあげておきますと、『記』では奈良橿原宮、『紀』では十九年冬吉野宮、二十二年春難波宮、同年秋は葉田の葦守宮と移り、太子時の大和磐余の稚桜宮を入れると四ヶ所となって、「ワケ」系中枢勢力への移行が容易でなかったことを窺わせます。また大和の王位は応神から本拠を河内に置く、と簡単に言ってよいか、疑念なしとしません。陵墓は『記』で河内の恵賀裳伏の岡（現羽曳野市誉田御廟山古墳に治定）とされながら、『紀』ではなぜか記されておりません。これも簡単に『紀』の記述漏れとみてよいかどうか、五世紀代の古墳について後述する検討で、この点をもう少し触れてみたいと思います。

倭の五王に移りましょう。仁徳の子・去来穂別《イザホワケ》、履中（讃）没は、『記』からの推論で四三二年としておきます。『宋書』では「讃死し」を四二五年の「讃遣使」に続いて連記しておりますが、文帝紀に四三〇年の倭の貢献をはさみ、四三八年「珍遣使」とあるので、履中没は四三〇年前後となります。『宋書』では倭国王の称号はありません。宮は磐余（現奈良県桜井市）稚桜宮、陵墓は百舌鳥耳原（現大阪府堺市上石津ミサンザイ古墳に治定）とされております。

履中の弟・瑞歯別《ミツハワケ》、反正（珍）没は『記』からの推定では四三七年となります。しかし四三八年に珍の遣使があり、四四三年には済の遣使とあるので、『記紀』の記述の少なさとは逆に、この間の在位は済の遣使までの十二、三年であったとみます。宮は多治比（現大阪松原市）瑞垣宮、陵墓は毛受野（現堺市田井出山古墳に治定）とあります。（男）浅津間若子宿禰（雄朝津間稚子《オアサツマワクゴ》）、允恭（済）について、『記紀』では反正の子とされておりますが、中国正史にはその記載がありません。允恭が「ワケ」を称しないことからも、反正までの系譜と別とする論が多く目につきます。いずれにしてもすでにこの時期、男系による王位継承が定着していることは確かです。

『宋書』四六二年には「倭王世子興」とあって、済の死は四六〇年の倭国遣使の記事をはさんで、四五一年の済の遣使のあとに連記されております。ちょうど讃と珍の間の記述と同じ対応で、允恭（済）の没年の記載はありませんが、当然興の時代でありますので、允恭没はおそらくその前の四五〇年代の終わり頃と思われます。宮は遠飛鳥宮（現明日香村）、陵墓は恵賀の長枝（現藤井寺市市野山古墳に治定）とあります。継承の記述は次の興と武の場合も全く同様です。ところが後述する大埼玉稲荷山古墳出土の銘文鉄剣に刻字される年、「辛亥年（四七一年）」は武（雄略）と解される大王の名が刻まれておりますので、興（安興）の没はその前ということになります。また『記紀』ともに安興の記事は極端に少なく、『紀』では在位三年とあります。安興は叔父大草香皇子を殺してその妻中帯姫を后としますが、こんどは大草香と中帯姫の子・眉輪王に殺されるという事件が記されていて、こうした事件とすでに人を殺める年齢であった眉輪王を考慮すると、『紀』の三年は短いと思われます。次の雄略は即位までに三名の皇子と眉輪王を倒すなどの内紛で宋への朝貢が遅れ、四七七年の朝貢となったのではないかと考えられます。従って安興の没年を、ここでは四七〇年前後とみます。宮は石上穴穂宮（現天理市）、陵墓は菅原の伏見の岡（現奈良市宝来）とされています。

『宋書』には興の弟・武（大泊瀬幼武・大長谷若建─オオハッセワカタケ）と記し、雄略以後の倭王遣使の記事はありません。『南斉書』四七九年に倭王武を鎮東大将軍にすすめるとあり、『宋書』五〇二年には武を征東大将軍にするとありますが、ともに遣使の記載はありません。ここでは四七〇

五世紀の大型古墳

佐紀・佐保	馬見	古市	百舌鳥	その他
佐紀陵山	巣山	津堂城山	・上石津ミサンザイ	室宮山
コナベ	新木	・仲津山	・大山	・宝来山
ウワナベ	築山	墓山	・土師ニサンザイ	造山
ヒシャゲ		・誉田御廟山		作山
・市庭		・市野山		前橋天神山
		・岡ミサンザイ		・太田茶臼山

（・印は天皇陵治定）

年代までが雄略の時代としておきます。宮は泊瀬（長谷）朝倉宮（奈良桜井市脇本）、陵墓は多治比の高鷲（現羽曳野市高鷲丸山・平塚に治定）とされます。

前記した治定を欠く陵墓を含め、以下五世紀の大型古墳について検討します。

佐紀・佐保、馬見各古墳群中にも五世紀に入っての大型古墳がありますが、四世紀末から河内にも、大阪藤井寺市から羽曳野市にかけての地に古市古墳群が、また大阪堺市に百舌鳥古墳群が築かれます。いずれもかつてない大きさの古墳が連続して出現します。佐紀、佐保、馬見などの近畿以外にも、ほぼ五世紀前葉まで、列島各地で同じように大型古墳が築造されます。いま全長二〇〇メートル以上の古墳を示しますと右の「五世紀の大型古墳」の表に示すとおりになります。

これらの古墳のうち「その他」の地域の古墳を除く大部分は、発掘調査不能の陵墓若しくはその参考地のため、周濠や陪塚からの出土品、あるいは風水害などによる損壊修理時のわずかな資料をもとに造営時期を推定しているので、古墳編年に各種異論があり、その年代は確定したものではありません。本稿ではこれらの各論を参考にしながら、それぞれの造営時期を稚稿ながら推考してみます。

前表のうち佐紀陵山古墳（ヒバスヒメ陵に治定）と巣山古墳はほぼ同時期、津堂城山古墳、室宮山古墳よりわずかに先行するとみられておりますが、四基ともいずれも四世紀末か五世紀はじめとします。

仲津山古墳は津堂城山古墳に後続し、宝来山古墳（垂仁陵に治定）は五世紀に入ってからとします。またコナベ、ウワナベ各古墳とヒシャゲ古墳（イワノヒメ陵に治定）、市庭古墳（平城陵に治定）と、新木山古墳、さらに吉備の造山、作山各古墳、またさらに前橋天神山古墳、茨木太田茶臼山古墳（継体陵に治定）等々は、いずれも五世紀前葉までにほぼ造営が終わっているものとみます。

また羽曳野市と松原市にまたがる河内大塚山古墳は五世紀末か六世紀に入ってからといわれております。

上石津ミサンザイ古墳と造山古墳の類似、コナベ古墳と太田天神山古墳の類似を指摘する説がありますので、これに依れば造営時期は前者は五世紀前葉の早い時期、後者は中葉に近い前葉となります。なお造営時期と関係ありませんが、コナベ古墳と太田天神山古墳の類似指摘に関連して、関東北部とされる上毛野氏族の関東進出が、相模や上総への氏族と異なって、東山道沿いか日本海側からであった可能性を提示しておきます。

『記紀』ならびに『延喜諸陵墓式』記載の五世紀代の陵墓を見ますと、古市古墳群中で、允恭、雄略、清寧、仁賢の四基、百舌鳥古墳群中では仁徳、履中、反正の三基です。古市古墳群中にはさらに四世紀後半の仲哀、応神陵を含みますし、その他皇后ナカツヒメ陵などの皇后陵その他の陵墓が集中して存在します。

なお、古市古墳群中の雄略（高鷲丸山・平塚古墳）と清寧（白髪山古墳に治定）、仁賢（ボケ山古墳に治定）、倭建命（前の山古墳に治定）と、百舌鳥古墳群中の反正（田井出山古墳に治定）の各陵墓は全長二〇〇メートル以下のため、さきの表には記載してありません。

陵墓治定の多い古市、百舌鳥両古墳群中の大型古墳の造営時期の推論についても、「倭の五王」墓をどの古墳に比定するか諸説がありますが、規模二〇〇メートル以上のものに限って、五世紀前・後葉に入る古墳として、ここでは四世紀末の津堂城山古墳⑩にはじまり、仲津山古墳⑥―墓山古墳⑨―上石津ミサンザイ古墳③（治定履中陵）―誉田御廟山古墳②（治定応神陵）―大山古墳①（治定仁徳陵）―土師ニサンザイ古墳⑤―市野山古墳⑧―岡ミサンザイ古墳⑦（治定仲哀陵）の順序に造営がなされたものと提示（〇数字は規模の大きさの順）しておきます。

従って宝来山古墳、市庭古墳を含め、ここでもいくつかの天皇陵治定に疑問が出てきますし、反正陵に治定されている田井出山古墳は「倭の五王」墓というにはあまりにも小規模で、また雄略陵の高鷲丸山・平塚古墳（円墳と方墳）では鎮東大将軍倭国王に相応しくないといった論及がありま す。五世紀の岡ミサンザイ古墳も仲哀陵治定では年代が合いません。また『記紀』では五世紀代の安康陵は奈良市宝来町菅原伏見陵、顕宗陵は奈良香芝町磐杯丘陵とされておりますが、ここでは触れません。

『紀』で陵墓の記載のない応神陵は、『記』では「川内の恵賀の裳伏の岡」とあって、古くから誉田御廟山古墳とされ、また仁徳陵は仁徳自身で「百舌鳥野耳原」に陵地を定めたとして大山古墳に治定され、両古墳とも比類のない大きさから、四世紀末、列島全域を統治して大和王朝を確立した大王陵とされてきました。

巨大古墳の造営には労働力と築造経年に加え石材、土器、副葬品等々膨大な人と物を要します。これらの費用、労役、技術のひとつひとつをとっても、被葬者氏族に強大な勢威がなければ達成できるものではありません。小規模な古墳より大規模な古墳を造営するには、それなりの広範囲な地域からの動員力もあったでしょう。前述したように王権中枢の有力氏族の造営です。そこで、さきの造営時期と、古市・百舌鳥古墳群中の古墳規模をからめ、その最大盛期を推測すれば、応神陵は全長二〇八メートルの津堂城山古墳より、その二倍を超える五世紀中葉の誉田御廟山古墳ということになってしまいます。また前述した古墳の位置、時期あるいは宮居の推移からしても、四世紀末に三輪王朝から河内王朝に代わって専制政治の中心を河内に移したと単純視するには、五世紀前葉に入るとされる佐紀・佐保、吉備、上毛地域の大型古墳の解釈はなかなかに困難です。

王墓と目される古墳が古市、百舌鳥などに築造されている同じ時期に、近畿以外の吉備や上毛といった地域でも、同じような規模の古墳が造営されていることを見逃すわけにはゆきません。四世紀末か五世紀はじめに権力が完全に「ワケ」系主勢力に移って専制王朝が確立したというわけにはいかないようです。少なくとも古墳の推移からみれば、宮居や陵墓を河内に移した勢力が、五世紀中葉になって、他地域あるいは王家をとりまく中枢勢力を抑えてようやく主導的政治権力を得たということになります。

不確定ながら列島内の大型古墳を推論してきましたが、近畿やその他の地域でも、五世紀後半になると一斉に古墳の規模が縮小します。本稿で養老川左岸の古墳の推移のなかの「主要古墳の編年」で述べた上海上の古墳をこれと重ね合わせてみると、天神山古墳⑩が遅くとも四世紀第４四半期頃、二子塚古墳④の五世紀中葉と、この地域でも比較的大型古墳が続き、後半の浅間社古墳⑤、妙経寺古墳⑥から古墳規模が縮小する傾向は、ひとり上海上地域だけではなく、さきの古市・百舌鳥両古墳群以外の「その他」の地域と同じ傾向を示しております。

上海上の南、小櫃川流域でもほとんど同じ傾向で、大型古墳は五世紀中葉の祇園大塚山古墳まで、それ以後六世紀末まで、埋葬品の華麗さはありますが、全体的に古墳規模の縮小がみられます。

五世紀中葉まで氏族の隆盛を窺わせる大型古墳築造の原因は、上総のうちとくに上海上は、東国経営の前進基地として香取海を渡って常陸へ延びる「ワケ」系諸勢力の直接的な影響下におかれていたためと思われます。武器武具類のほか多くの物資が近畿から搬入されたでしょうし、上海上氏族のもとで軍事的な労役に従事していた中小氏族もあったと考えられます。比較的規模の小さい円墳などから剣、刀、鉄鏃あるいは短甲などの出土が多くみられます。

ところが、上総でも小糸川流域に限っては、五世紀中葉から六世紀末にかけて、この地域としては比較的大型古墳が続きます。小糸川流域だけでなく、関東一円に、五世紀末から突然古墳の規模が大型化するところがいくつか目につきます。古墳の衰退期に向かおうとするこの時期に、それまで大規模な古墳造営を行なってきた地域とは別の地域に、これまでにない大きさの古墳造営が始まったということになります。政治権力がもたらした現象であろうと考えられますが、房総の地に渡る主要海路が養老川や小櫃川川口から小糸川に移ったか、または別のルートが開発されたのではないかと思われます。つまり養老川流域の上海上や小櫃川流域、馬来田の氏族の身分的地位が変更された疑いがあります。

上海上の海部氏族に何が生じたのか、あるいは生じなかったのか。三〇〇メートルあるいは四〇〇メートルを超えるという途方もない巨大古墳の造営を可能にした王と、その後上海上を含む「その他」の地域でも規模縮小にいたる経年的推移をもたらした五世紀を、煩雑をいとわずそのはじめから見てゆくことにします。

仁徳のあと王位を継いだ履中は、高句麗広開土王の死の翌四一三年、前記したように東晋に朝貢することになります。同年跡を継いだ高句麗長寿王は晉朝から「楽浪公」の称号を得、四一六年に朝貢した百済王腆支王は「鎮東将軍」の称号を得ます。

四一八年、百済腆支王は妹を倭国に送り、倭国にいた新羅王子未斯欣は帰国します。四二〇年、百済腆支王が死んで久爾辛王が立ちます。同年晉の劉裕が宋朝を建てて武帝を称し、ここに東晉が滅亡、宋朝は新たに百済王を鎮東大将軍に、高句麗王を征東大将軍にすすめます。翌四二一年『宋書』倭国伝は讃の朝貢を記しますが、称号についてはなんの記載もなく、「倭讃」とだけあって、「倭王」の認識は示されません。履中二年紀に平群・木菟宿禰、物部伊呂弗、葛城円、蘇我満智らは「共に国の政治に携わった」とあって、さきの『宋書』の「倭王」の認識のなかったこととあわせ、王権の実体はまだ履中に集約されていなかったことを窺わせます。

ここで蘇我満智について記しておきますと、蘇我氏を木氏とする有力な説があります。満智と木氏満到とは字音が同じで、同一人の疑いがあります。応神摂政紀でも前述したように木菟氏と木刕氏の混同の記事があります。後代をみても蘇我氏と半島渡来人との関係は濃厚です。応神時木刕斤資の子満到は百済から帰って倭に仕えたという記事は紀年の誤りで、召還は百済が熊津に還都したあと、倭が新羅侵攻にからんだあとの『三国史記』に記す蓋鹵王二十一年の四七五年頃とみますので、満智・満到同一人説からすれば履中紀の国政云々の記事は二、三代早いことになります。

翌年『新羅本紀』に「倭兵東辺を侵す」とあり、半島での権益保持の争いが継続されております。履中紀にはしかし出兵は記されず、王位継承にからむ兄弟の紛争、筑紫車持君に対する叱責と、蔵部、国史の編纂などの記事が続きます。

国内の政治制度もここにきて急速に充実します。四世紀代における濃密な半島との接触・交流が影響を及ぼしております。内廷における蔵部の選定もその一つですが、国史編纂などもあるいは渡来人の登用と思われます。それから二、三十年後の金石文の出現をみても、すでに国史編纂以前から、漢字による様々な記録が行なわれていたことが想定されます。

身分制度にも氏姓制をとりいれます。須恵器の生産も近畿からはじまりますが、部民制度も活発化し、列島各地の首長氏族にまで浸透するようになります。もちろん列島内が一挙にというわけではなく、王家や有力氏族との関係が直接的な地域ほど早まっていたと思われます。上海上の首長氏族の率いる労役奉仕、物品の納入も活発化し、各種の貴重な物品の入手も行なわれるようになったと思います。さきにも述べたように、履中時、上海上氏族のひとりとみられる忍兼命が忍立化多比命の子孫と名乗るようになった時代です。少なくとも上海上の地では、ウジ・カバネの胎動を履中時、遅くとも次の反正時とみます。

四二七年、高句麗は平壌に都を移します。四三六年、中国北魏に攻撃された後燕王は住民とともに高句麗に逃れ、ために高句麗の勢力は増強されたと言います。そして再び高句麗は南進を図ります。

そしてそれより前の四三〇年、倭は再び朝貢しております。四三八年、『宋書』には讃（履中）死し弟珍（反正）立つとありますが、この年は珍の遺使の年で、讃の死はその前年と考えられます。陵墓は上石津ミサンザイ古墳に治定されておりますが、さきに記したように上石津ミサンザイ古墳は仁徳陵とされる大山古墳より早い時期の築造と推測されます。同古墳の陪塚である七観山古墳からはおびただしい数の刀剣・甲冑類が出土していて、有事の際の武器の供給源であったと思われます。すでに四世紀前葉の桜井茶臼山古墳、メスリ山古墳での大量の武器といい、ここでも王家の軍事力の強大さを示しております。

大陸では四三九年、北魏が華北を統一します。

反正は遣使にあたって宋朝に除正（任官）を求めております。「使持節都督・倭・百済・新羅・任那・秦韓・慕韓六国諸軍事・安東大将軍」という長々しいものでしたが、文帝からの除正は「安東将軍・倭国王」だけで、ほかに倭隋ら十三人を求めによって平西・征虜・冠軍・輔国将軍に除正したとあります。

『宋書』には倭王を「倭讃」あるいは「倭珍」と書いていて、「倭隋」はこれと同等の扱いであるところをみますと、有力な王家の一人とみられます。

除正の十三人を王家の一人を含む近畿地域の有力氏族とみる説と、地方大首長とみる説がありますが、この場合近畿・地方と区別する必要はありません。前述の大型古墳を築造した氏族を含めた王権の機能を担う有力氏族とみればいいわけです。ただし履中と異なって、反正に対する「安東将軍・倭国王」という宋朝からの冊封は、王権による国内支配体制の確立にきわめて有効であったはずです。

『記紀』に反正の記述が少ないことをもってその存在を小さくみる説にはしかし、従えません。除正を願って認められなかったとはいえ、宋朝に対して朝鮮半島の権益を主張するような積極的な外交を展開しておりますし、四四二年には二度も新羅に侵攻し、「金城を囲むこと十日に及ぶ」などして半島から多くの人々を倭国に連れて来ます。こうした人々は近畿とその周辺に居住させる以外に、列島各地に移住させたものと思われます。五世紀後半からの積石塚古墳や、これに関連する馬具などの出土がみられる信濃あるいは関東北部にも、この時期集団的な移住があった証しとみます。

中国への外交と半島南部への派兵のいっぽう、国内にあっても仁徳・履中と続いて葛城氏の娘を后とするように雄族の協力をあおいでおりましたが、ともに「ワケ」を称する王家もようやくここにきて葛城氏を排し、古くから婚姻関係をもつ和珥氏から后を迎えるといった牽制策をとっております。陵墓は仁徳・履中・反正ともに河内の百舌鳥であると『記紀』は記します。この地の全長二〇〇メートル以上の古墳はいま三基を数えますが、さきに述べた理由から当該古墳の推論はひとまず措きます。

さて、四五〇年を前後とするほぼ十年余の間は、允恭の時代であったとみます。『記紀』によると即位までに一年の空位があります。息長氏・意富本杼《オホホド》王の妹・大中比売（大中姫）を后とし、宮居は『紀』で遠飛鳥宮（現明日香村）とありながら、『記』には記されません。飛鳥に近い磐余か后の宮の忍坂にあった可能性も否定できませんが、后の擁立を含め、それまでの王家外戚の氏族勢力を排し、「イリ」系旧王家の勢力を吸収して宮居を河内から伝来の地・大和に移したということでもあります。叔父か従兄弟（記述が浮動している）にあたる葛城氏・玉田宿禰を討っております。

四世紀の王権機能の分担化に似た有力氏族の併存を経験した倭国王は、五世紀、中国帝国の冊封体制の下に入って、その権威を楯にようやく王権を掌中する体制を固めました。その允恭（済）は四四三年の宋朝への遣使時、宋朝からの徐正で反正（珍）同様安東将軍・倭国王を除せられますが、四五一年には反正が叶わなかった使持節都督倭・新羅・任那・加羅・秦韓・慕韓六国諸軍事が加えられ、ほかに二十三人が軍郡に除せられております。『文帝紀』にはさらに倭国王を安東大将軍にすすめるという記事もあります。六国将軍の承認は、半島南部の軍事権の統括を宋朝から認められたということで、半島の利権に対する並々ならぬ執念が感じられます。

その半島では四五〇年、高句麗と新羅の対立が激化するなかで、百済は高句麗と戦い、四五五年には新羅が百済に救援をさし向けるという、いままでにない複雑な様相を呈しはじめます。また軍郡に除せられた二十三人は王族の一人を除き近畿あるいはほかの地域の有力氏族でしょうが、明らかに王位と軍郡位の差を宋から承認されたという意味でも重要です。

こうした宋朝からの除正に対比するかのように、『記紀』ともに重要な記述があります。大和甘樫丘で盟神探湯《くがたち》をもって人々の氏姓を正し、「天の下の八十友緒の氏姓を定めた」とあり、允恭期における氏姓制度の制定を示唆しております。またこれを証するように国造や直姓、内廷を守護する舎人、県主や国造の娘を内廷に奉仕させる妥女、后や后の妹のための部等々の設定の記事が多く目につくようになります。

氏姓制の充実は、王権の物質的基盤を担う民衆支配がある程度整えられていなければ意味をなしません。これを支えたのは伴《とも》と呼ばれる王家に奉仕する氏族、内廷の支出にあてる品部などの組織化です。王や王族に直結の屯倉《みやけ》や名代《なしろ》などもその一種と思われますが、あわせてその行政機構として各地の地域集団を統属する首長に直姓を与え、これを介して王家への軍事・労役奉仕・貢納を負担させるようになります。この場合、奉仕や貢納は上番をともなっております。つまり地方からの上京による奉仕であり貢納でした。上京が難渋な日数を要する陸路以外に、海上ルートも見逃せません。瀬戸内海路にしても東海路にしても、海路の要衝を掌握するということが、王家にとって重要事でした。三河、遠江、相模、上総の東海の要地がなぜいち早く大和中枢勢力の掌握下に入ったか、肯かれます。しかしこれらの地域の首長たちは中央からの一方的な勢力伸展以外に、自己の勢力拡大と中央からの文物の専有を計っていたのです。

屯倉や名代、部をかかえるような、王家に対する従属度の比較的強い首長には直姓を与え、中央中枢の執政氏族につながる首長、あるいはその氏族独自の伝統をもつ首長には臣（使主）・君姓を与えて制度化します。四世紀末か五世紀はじめにかけて近畿周辺からはじまったこうした制度は、地方へも拡大され、以前から王権と関わりの深い地域から徐々に広がって、五世紀中葉には軍事・政治機構と行政制度は画期的に充実し、ほぼ王権は倭国王・允恭に独占されたとみます。

「ワケ」系中枢勢力の直接的な影響下にあったとはいえ、それまで中・北総の盟主として相次いで大型古墳を造営してきた上海上の首長も例外ではありません。上海上の地には后・忍坂大中姫のための刑部が定められました。

刑部設定の地を養老川右岸とする説があります。後代の刑部姓の人々の居住地であること、推定されるのちの市原郡衙の所在地であることなどからと思われますが、確定的ではありません。旧市原郡に隣接する旧長柄郡内に刑部の地名がありますので、あるいは市原・長柄にまたがる地域ではなかったかと思われます。

これに関連するような出土品が市原国分寺台地から発見されております。

昭和六十二年十一月、古墳出土品をX線検査していた国立歴史民族博物館は、全長七三センチの鉄剣から「王賜」以下数字の銀象嵌銘文を発見、翌六十三年一月、次のように公表しました。

表　王賜　○○敬○
（王○○を賜ふ　敬んで安ぜよ）《剣の意》

裏　此廷○○○
（此廷刀は○○○＝吉祥句）

鉄剣出土の古墳は養老川右岸の稲荷台古墳群中、直径二七メートルの円墳・稲荷台一号墳です。

同古墳群は前二項で述べたようにほかの養老川右岸古墳群と多少構成が異なり、隣接する郡本向原台古墳群と同様円墳のみの古墳構成で、一号墳に先行する時期の一、二基を含む五世紀初頭から七世紀中葉に造営されたとみられる合計十三基です。群中最大規模の、昭和五十一年発掘調査された一号墳は中央部と北側の二ヶ所に木棺直葬の埋葬施設があり、鉄剣、鉄刀、短甲、鉄鏃、胡簶などの武器武具類のほか土師器、須恵器などの出土があります。土器の編年から同古墳築造は五世紀中葉とみられております。

「王賜」鉄剣の銘文はこの鉄剣を王からの〝下賜刀〟と解説されており、五世紀中葉において「王」とだけ表記すれば、倭の大王をおいて他にないと判断されております。注目すべきは鉄剣以外に短甲、胡簶などの被葬者の性格を示す武具などのほかに、この時期すでに須恵器が上総の地にもたらされていることです。

五世紀中葉、中国宋朝から倭国王と承認されていた王は、済（允恭）をおいてありません。国・郡の格差からも大王と称されて当然です。下賜刀を授けられた被葬者についても種々論じられておりますが、刑部に設定された地で、靫負《ゆげい》として忍坂大中姫と允恭の宮居に仕えた稲荷台一号墳の被葬者に、允恭から銘文鉄剣が下賜されたものではあるまいかとする説もその一つです。本稿もその説をもっとも妥当な解釈であるとします。

靫負とは国造級氏族を介して支配下の部民を王の親衛とするもので、のちの国造の子弟も舎人として直接大王の親衛に任じております。舎人・靫負の制度は五世紀末か六世紀に入ってからとする説が有力ですが、名称はべつに、実質的には五世紀はじめからこうした職務に奉仕する近畿・一部地方氏族があったとみます。とくに東国の首長氏族は前世紀以来王家の軍事力に深く関わっています。上海上氏族も例外ではありません。

稲荷台一号墳とほぼ同時期に、養老川左岸沖積地に前方後円墳・二子塚古墳④が築かれております。築造は五世紀中葉に近い後半とされておりますが、前二項で述べたとおり本稿では五世紀中葉とします。仮に十年十五年のひらきがあったとしても、稲荷台一号墳の被葬者と二子塚古墳④の被葬者はほぼ同年代に生きた人物です。両古墳の出土品を比較してみますと、前方後円墳と円墳の格差に比例するように一方は馬具、総銀製耳飾、金銅製衝角付冑、皮綴短甲であるに対し、他方は二子塚④にない胡簶、鉄鏃などといった靫負的武具が主体です。加えて二子塚④からは前漢鏡の出土があります。支配と従属の証しのような、あるいは勢威の増した首長に対する権力の楔のような刑部設置があったとはいえ、両古墳を比較しますと、舎人と靫負的任務を負った氏族との格差とみて不都合ではないような出土品の差異です。

また二子塚④の出土品に新旧時期混在の傾向がみられるとはいえ、その一つ前の時代の皮綴短甲などからみても、上海上氏族には、五世紀はじめから舎人的性格が付与されていたものが、二子塚④被葬者の時代になって地域内に刑部が設定されたことに伴い、明確に身分が固定されたものと推測されます。二子塚古墳④被葬者の性格を見極めるには、消滅した周辺古墳がさらに役立ったでしょうが、惜しまれてなりません。

稲荷台古墳群と群構成を同じくする郡本向原台古墳群も、被葬者は稲荷台一号墳被葬者と同様の性格を有する小氏族で、養老川左岸から移ったか否かはともかく、五世紀に入ってそれぞれの地に拠った集団であり、それから一、二代あとの稲荷台一号墳の被葬者に、銘文鉄剣が下賜されたものと思われます。養老川左岸右岸ともに小円墳から刀剣・短甲類の出土例が比較的多く、右岸では別の古墳からの短甲の出土も報告されていて、あるいは五世紀中葉以後も王家親衛軍として、帰国してからは地域の国造軍としての役割を担っていたのではないかと思います。

その範囲は、二子塚古墳④の石枕出土からみても、養老川右岸左岸と限定するより、この時期は中・北総一帯と拡大解釈することも可能でしょう。石枕分布圏は北総を中心に、常陸・武蔵に及び、これらの地域は非血縁的同属集団を形成していたものと思われます。もちろん近畿への往復は、すべてが陸路であったとは思われず、北総の港を掌握する上海上の首長に率いられた海上ルートも、大いに考えられるところであります。

忍坂大中姫に関連して、和歌山橋本市隅田八幡宮の人物画像鏡についても、触れておきます。同鏡は宋代に製作された尚方作人物画像鏡（国内で四面出土）を模してつくられたとされる、いわゆる仿製鏡で、長らく隅田八幡宮に蔵されていた古墳出土（出土地・時期不明）品です。内周縁に四十八文字の銘文があります。

癸未年八月日十大王年男弟王在意柴沙加宮時斯麻念長奉遣開費直穢人今州利二人等取白上同

二百旱作此竟

（癸未年八月、日十大王の年、男弟王意柴沙加宮に在る時、斯麻は長く奉るを念じ開費直と穢人の今州利の二人を遣し、白上の銅二百貫で此の鏡を作る）

ここでは癸未年を四四三年、意を通じませんが日十大王をヒト大王、男弟王は文字通り大王の弟王（?）とし、意柴沙加宮は忍坂宮とします。種々の解釈がありますが、まず日十大王が誰を指すか、男弟王をどう読むかが最大の難点です。癸未年を五〇三年、斯麻を百済斯麻王（武寧王）とする説もありますが、諸論を省略してここでは忍坂宮を重視し、癸未年を四四三年として解釈しますと、四四三年大王の世、忍坂大中姫の弟（オホホド）王または雄朝津間若子（允恭＝反正の弟王）が忍坂宮にいますとき、斯麻はオホホドまたは反正の弟王、つまり允恭に長く奉仕したいと河内直と渡来の今州利の二人を遣して白銅二百貫でこの鏡を作った、という意味に解します。

そうだとしますとこの時代、すでに反正かまたは允恭を大王と呼称し、さらに国造級氏族に直姓が与えられていたことが証されます。皇后・忍坂大中姫の刑部が設定されているところから、刑部設定の時点で上海上の首長にも「直」姓を与え、氏姓制度のなかに組み入れたと解釈しても、それほど飛躍した解釈でもないでしょう。国造系譜をみますと、上海上の南の小櫃川・馬来田・小糸川・須恵の氏族は近畿内有力氏族の同族とみられる「使主」でありながら、上海上の影響下にあると思われる下海上は「直」姓であります。

『上宮記』逸文には大中姫を「践坂大中比弥王」と記されております。すると忍坂に関連する「王」としては、大中姫かオホホド王か、または允恭を入れると三名になり、稲荷台一号墳の鉄剣下賜者は允恭以外の上のいずれかの「王」とする解釈も成り立ちますが、刑部の設定が允恭以外の「王」によって行なわれることは考えられませんので、やはり「王賜」の「王」は允恭ということになります。

ところで「直」姓の国造級氏族を使って鏡の製作を依頼した斯麻という人物はいったい何者なのか、出土した古墳が判明しない今は想像の域を出ませんが、橋本市周辺か、またはオホホド王の地盤を考慮して河内・摂津の大型古墳造営可能の氏族と推論しておきます。

屯倉や部の経営、各種の労役はその地域の国造の負担によって行なわれます。稲荷台一号墳の被葬者は上海上氏族の監査役として刑部に派遣された武人であろうとする説がありますが、そうだとしますと権威の印である銘文鉄剣を被葬者と一緒に埋葬してしまう理由が立ちません。やはり上海上から刑部として都まで上番した稲荷台一号墳の被葬者に、下賜に相当するなんらかの理由があって与えられたとみなければなりません。径二七メートルの円墳の被葬者が単独に上番することは考えられませんので、やはり上海上氏族の上番にあわせた上京と考えるのが妥当です。

しかし、刑部設定の時点から、上海上の地には規模一〇〇メートルを超える古墳は造られなくなります。二子塚古墳④以後も沖積地に古墳造営を継続しているところをみると、五世紀中葉以後も海部氏族としての活躍は継承されていたでしょうが、大王権力の介入の下で著しく勢力範囲が縮小され、上海上勢力の分断策がとられたものと思われます。大和中枢勢力から葛城氏族が排除されたことが影響しているやも知れません。現長柄町刑部に近い養老川中流域の有力な前方後円墳・江古田瓢簞塚古墳（金環塚）の出現も、全長四七メートル程度とはいえ、上海上氏族の消長を考えるうえで見逃すことはできません。

瓢簞塚古墳出土品からは被葬者に武人としての面影はみられませんが、稲荷台一号墳同様に直接近畿中央との接触を窺わせる、しかも上海上の地にいまだかつてない華麗な品々が出土しております。勢威の削減と、かつ身分的な序列を反映してか、二子塚古墳④以後は、浅間社古墳⑤、妙経寺古墳⑥と七、八〇メートル以下の古墳造営を強いられることになります。

反正からはじまった外戚・葛城氏族勢力の排除で、伝来の地ヤマトに戻ることを得た允恭は宮居を大和に移し、王廷をとりまく中枢有力氏族には新たに大伴・物部、平群、紀の諸氏族が台頭しましたが、王陵と呼ばれる大古墳の造営もなくなってきました。すでに五世紀前葉に九州で発現をみた横穴式の前方後円墳も、この時期ようやく近畿にも出現するようになります。半島からの影響とみられます。

允恭の陵墓は河内長野原（恵賀の長枝）とあって、現在市野山古墳に治定されておりますが、五世紀中葉大王を称するようになった允恭には、全長二二七メートルの古墳より、五世紀中葉の築造ではないかとみられている誉田御廟山古墳が似つかわしく思われます。同古墳の陪塚・アリ山古墳からは、貯蔵庫に類するような大量の武器武具類のほか鉄原料や鉄製品が出土していて、王家軍事力の強大さを示しております。大王権力の促進に与って一義的な意味を、こうした鉄原料、鉄器、武器類の独占にあると認めないわけにはゆきません。

半島では百済蓋鹵王が四六〇年宋朝から鎮東大将軍に除せられます。百済に対する高句麗の圧力は依然として激しく、同盟関係にあった倭は百済に兵を派遣します。これに対して四六一年、蓋鹵王は弟・混支を倭に送ります。

翌年『宋書』倭国伝では「倭王世子興（安康）」とあって、允恭在位時には直系の男子への王位継承が定められていたようですが、しかし事実はそれほど順調に王位の継承がなされたわけではありません。太子を死に追いやり、叔父大草香を殺した安康は宮を石上穴穂宮におきます。そしてその安康も、大草香と中帯姫との子・眉輪王に殺されます。陵墓は『記紀』ともに菅原伏見と記します。ただし奈良市宝来町の治定陵については懐疑的な説が大勢です。

雄略は兄・安康殺害事件に関係して、眉輪王とこれを庇護した葛城宗家を倒し、葛城氏族の祭祀権を排除して娘韓媛を奪って妃とし、さらに葛城氏・黒媛と履中との子・市辺押磐王ら同母兄二人と従兄弟二人を殺し、長谷朝倉宮（現桜井市脇本）で即位します。またその後葛城氏と婚姻関係にある雄族・吉備氏族をも討って吉備周辺にいくつかの屯倉を設定します。王族のほとんどを倒し、王権に影響を与え続けた大豪族を討って、五世紀後半、ここに強大な大王が出現しました。『紀』は雄略を「国内の民は悉く震え恐れ」た「大悪の天皇」と記します。

屯倉が全国的に設置され、国造の任命もすすめられ、氏内部の機構の整備、氏族相互間の身分表示の基準が大王に集約されるようになりました。こうした氏姓制度とともに、それを基本とする部民制もますます拡大するようになりますと、そうした機構に積極的に加わろうとする地域首長もあらわれる反面、吉備とともに大陸・半島への海路の要地である播磨や、東国への出口である伊勢など、これに反発する国造氏族も各地に現れ、中央から大伴、物部の兵をさし向けるようになります。伊勢大神の祭祀権も、このとき完全に王権に吸収されたものと思われます。

和泉南部の紀氏に半島への交通路を、また入手した物資の保管などを管掌させ、物部氏に西国を、大伴氏に東国を管轄させるなど、雄略時に至って間接的支配から王権による直接的支配に向けての動きが活発になりました。とくに東国は大王家の経済的軍事的基盤とされ、東国の国造級氏族をもって軍事集団が形成されます。上海上の稲荷台一号墳で述べたように、国造級氏族を介してその支配下の部民を大王の近衛に出仕させていた靫負を大伴氏の管轄下におき、国造級氏族の子弟を舎人(帯刀人＝杖刀人)として大王親衛軍とし、またその子女を内廷に出仕(采女・内侍)させるなど、この時代、氏姓・部民制度とともに中央集権体制が飛躍的に整備されます。

昭和四十三年、埼玉稲荷山古墳群中最大の前方後円墳、全長一一八メートル余の稲荷山古墳が発掘調査され、同古墳後円部の舟形礫槨から四十二点の遺物が採取されました。十年後の五十三年秋、このうちの鉄製品の保存措置を施すため、全長七三・五センチの鉄剣についてX線検査を実施した結果、剣身の表裏から、計一一五文字の金象嵌銘文が発見されました。以下のとおり発表されております。

（表）辛亥年七月中記乎獲居臣上祖名意富比垝其児多加利足尼其児名弖已加利獲居其児名多加披次獲居其児名沙鬼獲居其児名半弖比

（表）（辛亥の年の処暑に記す。ヲワケ臣。上祖の名はオオヒコ、其の児タカリノスクネ、其の児の名はテヨカリワケ、其の児の名はタカヒ（ハ）シワケ、其の児の名はタサキワケ、其の児の名はハテヒ）

（裏）其児名加差披余其児名乎獲居臣世々杖刀人首奉事来至今獲加多支鹵大王寺在斯鬼宮時吾左治天下令此百練利刀記吾奉事根原也

（裏）（其の児の名はカサヒ（ハ）ヨ、其の児、名はヲワケ臣、世々杖刀人首となり奉事来たり今に至る。ワカタケ（キ）ル（ロ）大王の寺が斯鬼宮に在る時、吾天下を左事し、此の百練の利刀を作ら令めて吾が奉事せる根原を記す也）

銘文解読者は辛亥年を四七一年、ワカタケル大王を雄略と発表しました。そうしますと四七一年はすでに雄略の時代であったということになります。七月中は元嘉暦の処暑にあたります。ヲワケ臣の祖はオオヒコと銘文にあります。臣姓は王家の外戚、オオヒコが大彦命（大毘古命＝孝元と穂積氏・鬱色謎命の子）としますと、崇神紀の四道将軍の一人です。

『記紀』皇統譜では崇神から雄略まで九代ですが、銘文は崇神時代からヲワケ臣まで八代と記し、ほぼ『記紀』の年代と合います。つまりオオヒコの氏族は初代をオオヒコとする八代の伝承があったということになります。大王家でもミマキイリヒコ（崇神）を初代とする系譜が、少なくとも雄略時すでに存在していたということがわかります。しかも初代と数えるその時代は崇神からで、始祖を神とする上海上氏族の系譜とも異なり、また神武からでも開化からでもありません。ヒコ、スクネ、ワケ三代、次の二代は姓がなくてヲワケ臣と続く系譜の名称は、四世紀以後の『記紀』記載の人名と経年的にもほぼ合致します。

大彦命を祖とする臣姓の氏族は現桜井市南部に拠った阿部、膳、若桜部などの氏族があります。雄略の宮居を銘文は斯鬼（磯城）宮と記しますが、長谷（初瀬）を広く磯城とみればそれほど大きな違いはありません。ヲワケ臣は世々杖刀人として仕えたとありますので、雄略以前から「舎人」という名称ではなく「杖刀人」と呼んだか否かはともかく、のちの舎人的親衛の任にあたっていたことになります。さきに上海上の首長は早ければ五世紀前葉から、遅くとも中葉には舎人的役割で出仕していたであろうと述べましたが、ここでは後述するように稲荷山古墳被葬者もこうした氏族とみて、伴造の制度が各地に拡大される以前からすでに親衛として奉事していたとみます。五世紀はじめから強力な干渉を受けていた上海上氏族にも、同じような任務が課せられていた可能性があります。ヲワケ臣自身、雄略の宮居で天下を左治した根源としてこの剣をつくったと記します。

埼玉稲荷山古墳の被葬者がヲワケか否かを含め、ここでも被葬者が在地勢力か中央から派遣された氏族かの問題が論じられます。自らの氏族の系譜を金象嵌で記した百練の剣を、ほかの氏族に与えるということは考えられませんし、前代に一、二基の古墳をかかえる上海上の稲荷台一号墳と違って、埼玉稲荷山古墳は、古墳群中最古です。従って本稿は銘文を素直に読んで、南関東地域への中央からの派遣氏族とみます。各地の反抗を抑圧しようとする大王集権にともなう有力氏族の展開は、相模・武蔵を吸収し、この時期は関東の豪族・上毛野氏族に対する牽制を行なっていたのではないでしょうか。四世紀後半から五世紀はじめにかけ、比較的大型古墳の続いた多摩川下流域の前方後円墳は以後姿を消し、利根川を挟んで上毛野勢力と接する元荒川左岸上流の、埼玉稲荷山古墳群にその主体は移ってゆきます。

上海上の養老川下流域で古墳の規模が稲荷山古墳群出現の五世紀後半以後急激に縮小するのも、氏姓制に基づくランク付け以外に、海部氏族としての役割が縮小され限定された結果ではないかと考えます。二子塚④以後縮小されたかたちで、それでも沖積地に築かれていますが、浅間社古墳⑤妙経寺古墳⑥の二基は少なく、別に一、二基の消滅古墳の存在を想定しておかしくないにしても、その後この地では古墳築造がさらに規模縮小され、沖積地から再び台地上に後退するに至ります。

小櫃川流域の古墳群も同様に縮小します。六世紀に入っての養老川、小櫃川流域古墳の副葬品の豪華さはまたこれとは別の理由によるものと思いますが、それに反して小糸川流域に五世紀後半から大型古墳が現れるのは、大王権に結びつく近畿内有力氏族と同族の築造とみます。小糸川（須恵）、小櫃川（馬来田）氏族ともオミ（使王）を称するところから、小糸川流域の氏族は小櫃川流域の氏族から別れた氏族ではないかとも考えられます。小櫃川右岸には式内社・飫富神社があります。多氏族との説もありますが、少なくとも五世紀後半から六世紀にかけて、養老川流域の上海上氏族とは異なった、王権内の中枢氏族の影響下にあった氏族とみられます。

こうした状況はひとり関東だけではなく、全国的な王権による規制の結果とみます。明治六年に発掘調査された九州中部の、有明海から少し入った熊本江田船山古墳出土の豪華絢爛たる副葬品のなかの太刀に、稲荷山古墳出土の金象嵌と同様の金石文があります。全七十五字、うち解読不能文字七字、以下のように読まれております。

治天下獲○○○鹵大王世奉事典曹人名先○弖八月中用大鉄釜并四尺廷刀八十練○十振三寸上好○刀服此刀者長寿子孫洋々得○恩也不失其所統作刀者名伊太和書者張安也。

（天下を治めるワカタケル大王の世に典曹に奉事する人の名ムリテ、八月中大鉄釜を用い四尺の廷刀を并わし幾度も鍛練した刀を作った。此の刀を服する者は長寿で子孫洋々○恩を得て其の統べるところを失わざる也。作刀者の名はイタワ、書者は張安也）

六世紀初頭の築造とされる横穴式前方後円墳の、横穴を塞ぐ巨石の印象的な同古墳は処々に石神像が立つ広々とした丘陵上にあって、その被葬者は、雄略の時代に典曹人として奉事したと記し、「この八練の刀を帯びる者は長寿で繁栄し、大王の恩を得て統治する領地を失うことはないであろう、刀の作者はイタワ、銘文を書いた者は張安（中国名？）である」と言っております。典曹人がどのような職種か正確には分かりませんが、これもおそらく筑紫や肥前肥後の勢力に対する大王権力の楔であったとみます。

全国支配に対する国内各地の反発にも増して、半島での情勢も深刻な様相を呈してきます。四六四年に宋朝から車騎大将軍開府儀同三司に徐せられた高句麗王は百済を圧迫し、大軍をもって南下の隙を窺う状況に、百済は北魏に救援を求めますが、不成功に終わります。三年後の四七五年、高句麗軍は百済に侵攻し王都漢城は陥落、蓋鹵王は殺され、ついに百済は熊津に都を移します。

以後倭国から半島へ相次いで兵を出しますが、派遣氏族間の統制の乱れでなかなかに成果があがりませんでした。半島との関わりの大きかった海部氏族・紀氏一族も痛手を受けます。任那を支配していたとされる木刕満到が倭国に招来されるのも、おそらくこのころです。五世紀の五王のうち、雄略紀にだけ高句麗、新羅との紛争を多く記すのも、この時期、半島での倭国の利権が危機的状況にあったことを示しております。

四六二年の『宋書』倭国伝には「倭王の世子興は奕世即ち忠、藩を外海になし、化を受け境を案じ、恭しく貢職を修め、新たに辺境を受け継いだ、宜しく爵号を授けるべきで、安東将軍倭国王とせよ」と記し、そのあとに「興（安康）が死んで弟・武（雄略）が立ち、使持節都督七国諸軍事安東大将軍を自称した」とあります。七ヶ国とはさきの六国に百済を加えたもので、武は百済併合と半島南部の軍事権を主張しております。

百済漢城陥落の三年後の四七八年、雄略は再び宋朝に遣使して上表文を提出しております。少し長くなりますが、雄略の意図をみるうえで重要と思いますので、全文を読み下してみることにします。(石原道博氏による)

封国は偏遠に藩を外になす。昔より祖禰躬に甲冑を貫き山川を跋渉安処にいとまあらず。東は毛人を征すること五十五国、西は衆夷を服すること六十六国、渡りて海北を平ぐること九十五国。王道融泰し土をひらき、畿をはるかにして累代朝宗して歳をたがえてあやまれることなし。臣は下愚なれどかたじけなくも先緒を継ぎ、統べるを駆り、率いて天極に帰崇、道ははるかに百済を経て舫舟を装う。しかしながら句麗無道に見呑を欲し、遍隷をかすめ虔劉してやまず。毎々に滞を致し以て良風を失し、路にすすみても或は通じ或は通ぜず。臣の亡考済実に仇天路を閉じ塞ぐを怒り、弓兵百万正義の声に感激、正に大挙せんと欲せしに俄に父兄を失い垂成の功いま一簣にして獲らず。むなしく喪中にあって兵を動せず。このためやすみ息うて未だ捷つことあたわず。今に至り甲を練り兵を治め、父兄の志を申べきと欲す。義士勇士文武が功を効し、白刃前に交わるとも亦顧みるところにあらず。若し帝徳の覆敵を挫きよく方難を靖んずれば前功を替えることなかるべし。ひそかに自ら開府儀同三司を仮与し、其の余はみな仮授して以て忠節を勧む。

祖禰（祖父仁徳？）自身武装して東毛西夷を服し、渡って海北（とは半島を指すものと思われますが）これを平定したと述べ、次には宋朝朝貢ルートを妨害する高句麗の非道をあげ、弓兵百万をもって侵攻しようとしたが、允恭も安康も亡くなって喪中であったと言い、後段ではいまその父兄の志を遂げようと思う、宋朝の恵みをもって強敵高句麗を挫けばまた朝貢したい。自ら優礼の官を仮に与え、ほかは仮に授けて忠節を尽くす、と述べております。

続けて『宋書』には「詔して武（雄略）を使節都督倭新羅任那加羅秦韓六国諸軍事安東大将軍倭王に除す」とあります。開府儀同三司という外臣の最高位は認めてもらえませんでしたし、こんども百済の地は除かれましたが、半島南部の軍事権は認められて安東大将軍に除正され、内外地位強化の願望は大いに認められたということになります。そして雄略自身で有力氏族に軍郡の号を授けるようになります。

ところが、翌四七九年になりますと、中国では蕭紹伯が宋の順帝を殺して南斉を興し、自ら高帝を称して、ここに宋朝が滅亡します。すかさず高句麗は南斉に遣使しますが、途中使人が北魏に捕えられるという事件がおきております。同年雄略は弱体化した百済を救済すべく、倭兵五〇〇人を添えて倭国にいた混支（のち東城王）を百済に送り返します。

漢城陥落後の、とくに四八〇年代に入りますと、半島からの渡来人が多くなります。そのなかには新しい技術を持った人々が多数含まれておりました。『紀』に言う「新漢（今来）の才伎」と呼ばれる技術集団で、雄略紀にも多く記載されております。こうした人々を河内や大和に住まわせ、東漢氏のもとで専門毎に分けて衣縫部、陶部、画部、錦部、訳部などの部民制にとり入れ、これを大伴氏に管理させるようになります。

五世紀後半から部民制度の促進に加え、有力氏族のかかえる部民もあわせ、こうした渡来の技術集団による技術革新で各種の分業が発達すると、富の蓄積もすすみ、これらの新しい階層によって小型の古墳が限られた一定の範囲にまとまって造られるようになります。いわゆる群集墳と称する古墳群で、ほとんどが円墳を主体とするものでしたが、古墳規模に比較して副葬品に優品が目立ちます。

こうした群集墳は五世紀中葉から近畿内の数箇所に出現し、後半には近畿外周各所に広がり、やがて各種生産技術が地方に普及するようになりますと、列島各地に同様の古墳群が築かれるようになります。新しい階級の出現といってよいのではないかと思いますが、群集墳を構成する小地域の集団のなかには、普段は専業集団であり農耕集団でありながら、ときには外廷の伴造に、あるいは地域の首長（国造）に率いられる軍団に転化され、列島各地、またときには外征軍などにも編成されるような、そうした集団もあったとみられます。上海上の首長もおそらく例外ではないと思います。舎人として上番のおりには伴造を兼ねたかたちで、こうした軍事行動にも加わったでしょう。

王権強化の促進に渡来人をひき入れるなどして新たな部民制がつくられましたが、こうした制度に編成されない多くの民衆もあって、五世紀末になってもまだ身分制度が完成したとは言えない状況でした。各地の反乱鎮圧にも外廷の中枢有力氏族の力を借りなければなりませんでしたし、国造にもまだ独自の勢力を保っている地域首長もありました。こうした情勢のなかで、病にたおれた雄略は「朝野の衣冠のみ未だ鮮麗にすることを得ず」と病床で嘆き、大連・大伴家屋と東漢鞠直の二人に遺詔して太子・白髪皇子への王位継承を託するのであります。さきに強烈な大王の出現と言いましたが、人々に「大悪天皇」と誹謗されながら専政王権機構の整備に邁進し、ついにその未完成を嘆き、わが子への王位継承を危惧しながら病に倒れた雄略に、もはや勇猛果敢な大王の姿はありませんでした。陵墓は『記紀』ともに河内の丹比（多治比）高鷲原と記し、現在高鷲円山・平塚古墳（大阪府羽曳野市）に治定されておりますが、前述したような疑問がいくつかあげられていて、近くの全長三三五メートルの河内大塚山古墳を陵墓にあてる説もあります。

抑圧に対する反動のように、雄略の死によって各地に兵火があがります。新羅遠征の途中にあった蝦夷五百人の軍勢は、雄略の死を聞いて反乱、吉備・丹波の地を騒がせたと『記紀』にあります。また雄略の妃・吉備稚姫の子・星川皇子は王位を奪おうと稚姫と結託して兵を起こしますが、大伴家屋の軍に囲まれ、加担した紀氏の一支族をふくめて兄・磐城皇子とともに焼き殺されてしまいます。星川皇子反乱を聞いた吉備上道臣は血縁の稚姫と皇子を救おうと配下の軍船四十隻をもって海路出発しますが、すでに間に合わず、むなしくひき返したと伝えられます。以後王権は吉備勢力に強力に介入します。五世紀後半から鉄資源の入手を目指して山陰・出雲に進出していた吉備の勢力圏に、いくつかの屯倉を設置して、これを分断吸収します。また瀬戸内海を押さえる吉備水軍の地にも新たに海部直を置き、王権に直結する水軍として組織してしまいます。海を塞がれ、領地を寸断された吉備勢力は一挙に衰退に向かいます。古墳の規模も極端に縮小し、造山、作山といった大王陵に匹敵する大型古墳は再び吉備の地には現れませんでした。

吉備稚姫は吉備上道臣の娘とも吉備窪屋臣の娘とも伝えられ、また別に葛城氏の娘で、吉備上道臣の妻であったものを雄略が奪って妃とし、磐城、星川二皇子を生んだともされます。そうすると星川皇子の反乱は単に大王家の内紛にとどまらず、雄略によって討たれた葛城、吉備の旧大勢力の失地回復の争いに、大連・大伴、物部の二大勢力が対抗したという図式になります。忍坂にあった王家の武器庫が石上神宮に移されたのは、時期もこの頃でしょうし、このような背景もあったでしょう。

大王とこれをとりまく有力氏族間の勢力争いは、単なる王位継承にまつわる争いではありません。列島各地に自らの部民を設定して氏族勢力の拡大を図る有力氏族は、王権の確立に参画し、大王への隷属を深めることによって益々有利になります。いっぽう部民を設定されることで、収奪される側の各地の首長には反発が生じます。また地域の中小氏族間でも対立が潜在化し、生産性の向上から私有財産を持つようになった一部の民衆との間にも微妙な影響を与えることになります。

倭の五王以後のこうした趨勢も、雄略の積極的な、あるいは専制的、凶暴的な国内統一政策によってもたらされた複雑な情勢とみることもできます。

雄略の歿後、白髪皇子（清寧）が王位を継ぎます。皮肉にも葛城円の娘・韓媛が雄略の妃として生んだ皇子です。雄略が近畿中枢の有力氏族を排除し、王権につながる大海部氏族である紀氏・吉備氏を弱体化させた王権にはもはやこれまでのような力はなく、また子のなかった清寧は、次の大王継承者を自ら定めることができず、飯豊皇女に図って同女の兄・市辺押磐王の子・弘計王（顕宋）を継承者とすることになります。

市辺押磐王も飯豊皇女も履中と葛城氏・黒媛との子で、前述したように市辺押磐王が雄略に殺されたあと、妹の飯豊皇女は故里である葛城の角刺宮にあったとされ、弘計王とその兄・億計王は丹波に逃れてのち播磨の屯倉（現兵庫県三木市）に隠れていたのを探し出されたと『記紀』は記します。こうして再び葛城氏系の血縁が王位を継ぐことになり、同族と目される平群氏族の勢力が増大します。

清寧の宮は磐余甕栗宮（現奈良県桜井市）、陵墓は『紀』には河内の坂戸原（現大阪府羽曳野市）と記し、同市古市古墳群南端の白髪山古墳に治定されております。

清寧の死後飯豊皇女が大王に代わって政事をしたとされ、その後弘計王が王位（顕宋）につきます。宮は近飛鳥八釣宮（現奈良県明日香村）とされておりますが、顕宋の在位を否定する論文が目につきます。陵墓は『紀』では記されませんが、『記』に片岡石坏の岡とあって、これも疑問視されております。

顕宋の兄・億計王（仁賢）は雄略と和珥氏・童女君との間の女・春日大娘を妃として石上広高宮で王位を継ぎます。春日大娘との間に一男五女を生みます。一男の名は小泊瀬稚鷦鷯（小泊瀬稚雀）、のちの武烈です。

倭王家で王位継承問題が紛糾している間に、半島では百済、新羅が任那への侵入の機を窺っておりましたが、ついに四九〇年、任那の地で倭と百済が争うことになります。ところが同年高句麗の長寿王が大軍をもって百済に侵攻するに及んで、百済はひとまず倭と和解します。顕宗紀に紀生磐宿禰の任那遠征の失敗が記されておりますが、この記事はこれに関連した仁賢の時代ではなかったかと考えます。

翌年長寿王が死んで百済への軍事行動が止むと、高句麗は四九四年に新羅と争い、これを百済が救援すると翌年再び高句麗は百済に侵入、今度は新羅が百済に援軍を送ります。四九七年に再度高句麗は新羅と争います。度重なる高句麗の侵攻で、百済から高句麗への移住者が増す一方、新羅からは倭国へ渡来する人々が多くなりました。

仁賢の死去は『紀』では四八九年と記されます。陵墓は埴生坂本陵、古市古墳群中のボケ山古墳に治定されております。

六世紀以降倭国の推移

五世紀前半、これまでの竪穴式から横穴式石室構造の古墳が九州に現れると前に記しましたが、その後半から同じ九州に内壁に装飾を施したいわゆる装飾古墳が出現します。いずれも半島からの影響と考えられますが、五世紀中葉から近畿にも横穴式の古墳が造営されるようになり、五世紀末から六世紀はじめにかけて、ほとんどの古墳構造が横穴式に変わります。

五〇二年、中国では蕭衍が梁を建て南斉が滅亡します。梁朝武帝即位の四月、その『武帝』紀に倭王武を鎮東大将軍から征東将軍に進めるという記事がありますが、倭国はすでに武烈の時代でした。

仁賢の死後、権勢をほしいままにする平群真鳥は武烈に代わって王位を窺いますが、大伴室屋の孫・金村に打倒されてしまいます。そして武烈もまた、王位を継ぐべき子がないまま列城宮で亡くなり、六世紀に入って大王継承者不在の事態が生じました。

五一〇年には百済東城王が暗殺され、代わって蓋鹵王の子・斯麻（武寧）王が即位します。斯麻は混支来朝時の四六一年に筑紫各羅島で生まれ、百済に送り返されたと『紀』にありますが、事実としますと即位時四十九歳です。

仁賢死後、王統断絶の危機を『記』は「日続知ろしめす王ましまさず」と記し、『紀』では「日継絶ゆべし」とあります。大連・大伴金村の主導で越前三国から男大迹王（袁本杼王）が王位に迎えられました。『記紀』皇統譜に応神五世の孫、垂仁七世の孫・振媛の子と記す大王、継体です。

男大迹王（オホド王―継体）の父汗斯王（ウシ王）は近江の三尾（現滋賀県高島町）にあって振媛（フルヒメ）を娶りオホド王を生みますが、ウシ王の死後フルヒメは郷里の高向（現福井県丸岡町）に帰ってオホド王を養育したとされます。

『上宮記』を引用する『釈日本紀』は継体（ここではヲホド大公王）の系譜を次のように記します。

ホムツワケ王―ワカヌケフタマタ王―オホホド王―ヲヒ王―ウシ王―ヲホド大公主

ところが『釈日本紀』と『記紀』の間に相違があります。『記』の記述ですとホムツワケ（品牟都和気）王は垂仁の御子とあります。ワカヌケフタマタ（若野毛二俣）王は応神と息長真若中比売との間の子とし、ワカヌケフタマタ王の子をオホホド王とし、允恭の后のオシサカオオナカツヒメもその子としております。つまり継体の曾祖父オホホド王をいっぽうは垂仁の曾孫とし、他方は応神の孫としている点です。

『記』ではホムツワケ（品牟都和気―垂仁の子）をホムタワケ（品陀和気―応神）として、継体を応神の五世の孫とします。オホホド王は息長氏族です。いま多くの論文が「継体新王朝」と呼ぶように、継体をそれまでの王統とは血縁関係がないという所以であります。

『紀』ではオホホド王を息長坂君と記し、妹・オオナカツヒメは前述したように允恭の妃となって大王の外戚の地位にあります。近江・若狭・越前・美濃を基盤とする息長氏につながる継体の父・ウシ王は近江の三尾にいたとされますが、同地にある六世紀前葉の鴨稲荷山古墳からは、大和との関わりを覗わせるような、絢爛豪華な遺物が大量に出土しております。

迎えられた継体は河内の樟葉宮（現大阪枚方市）で即位し、もとからの正妃である尾張氏・草香の娘・目子媛を排し、仁賢の娘・手白香皇女を后に入れて王統を継ぎます。手白香の子はのちの欽明、目子媛の二子は安閑、宣化です。この時期、尾張氏の本拠地である現熱田神宮の近くに草香の墳墓ではないかと推測される全長一五一メートルの前方後円墳・断夫山古墳が築かれます。

なお、王統断絶の危機に大伴、物部が継体を擁立したのは、河内系（ワケ）氏族が近江・若狭・越前・濃尾の「タラシ」諸勢力とつながりの深い継体を迎えて葛城系氏族に対抗したという見方があります。四世紀、「ワケ」中枢勢力の擁する応神が「イリ」勢力の王家の血をひく仲姫を迎えたように、継体が前王朝直系の手白香を娶って王位を継いだというのも同様の手法であり、また宮を樟葉宮から筒城宮（現京都府田辺町）、さらには弟国宮（現京都府長岡京市）と替え、即位二十年後にして伊波礼玉穂宮（現奈良県桜井市）に入った原因が大和の旧勢力との間の確執にあるとするのも、すべて同じ理解です。

六世紀になると全国的に屯倉・品部が設定され、王権による直接支配が強まります。それと同時にこれにくい込む大伴、物部などの近畿中枢勢力が各地に自らの部民を設けて勢力の拡大を図ります。上海上の首長も葛城旧勢力や紀氏、吉備氏などの海部勢力が衰退するなかで旧来の海部としての地位を下げ、王権に奉仕する海部官人へと変質してゆきます。沖積地に造営されていた古墳も六世紀になると海から離れた台地上に移行し、規模も原一号墳七〇メートル、同二号墳五〇メートルと次第に縮小し、やがて房総の主導権は小櫃川・馬来田、さらに小糸川・須恵へと移動してゆきます。

半島では高句麗の圧力から南下の機を窺っていた百済が五一二年に任那北部の四県を併合、翌年さらに二県を加えて北部の大半を手にします。大伴金村の進言であったと『紀』は記します。同年百済は五経博士・段楊爾を倭国に送ってきます。五二一年、新羅は百済を介してはじめて中国梁に朝貢、そしてついに任那へ侵入する事変がおきます。五二三年に百済の武寧王が死んで数年が過ぎ、倭国は大軍を組織して新羅への派兵を決意、近江毛野氏を将として西下させます。ところが国造の任命、屯倉・品部の設定などで不満をつのらせていた筑紫国造磐井が九州北部の勢力を糾合して出兵を拒否、毛野に対して「今こそ使者なれども、昔は吾が友として肩摩り肘触りつつ共器にして同食いき。安ぞ率爾に使となりて余をしておのれの前に自伏はせしむ」と昂然と揚言し、半島への海路を遮断して毛野軍を迎え討ちます。

筑紫国造は筑後川を支配した氏族で、五世紀後半から王権の支配体制の進捗に平行して周辺氏族への浸透をすすめ、玄界灘の門戸・筑前までも押さえておりました。そして肥後以北の氏族連合の証しのように、九州北部の各地古墳に石人・石馬像を配しておりました。

大王継体は筑紫の反抗に大連・物部と大伴の二軍を増派します。国をあげて筑紫国造の平定にあたったということになります。翌年十一月、磐井は御井（現福岡県三井郡）の戦いで物部軍に斬られ、反乱はようやく鎮圧されます。磐井の子・葛子は糟屋の屯倉を献上して死罪を免れます。

磐井の墳墓は『筑紫風土記』に記す「上妻県の南二里」の九州最大の前方後円墳、全長一七六メートルの岩戸山古墳（福岡県八女市）とされております。その後筑紫と言わず、九州全体の古墳が縮小されます。石人・石馬像も姿を消し、代わりに装飾古墳の造営が増加するようになります。

こうした国内の反乱が鎮圧される間に、半島では任那の争奪をめぐって百済と新羅の争いが激しくなります。加えて百済では高句麗の南下に危機感が増大し、五三二年に都を熊津から扶余に移します。同年新羅は任那の南東部、金官その他の要地を統合してしまいます。倭は再び近江毛野氏を任那に派遣しますがうまくゆきません。そこで任那王・己能末多干岐（阿利斯等）が来朝して新羅の侵害を直訴、毛野氏は召還されますが、帰国の途中対馬で亡くなります。

継体の死亡については、『記』では「丁未の年」（五二七年）四十三歳とあります。ところが『紀』では継体二十五年（五三一年）、八十二歳と記しながら、「或本に」として二十八年（五三四年）崩御という説もあるとします。『紀』では五三一年とした理由を、「辛亥年（五三一年）三月、日本天皇および皇太子・皇子は共に崩御した」と書かれる『百済本記』によったと述べ、いずれが正しいかは後世明らかになるであろうと述べております。

こうした記述がもとで「継体・欽明朝内乱」説が広く言われるようになりました。継体の死後、主に西国の靫負軍をその軍事的背景とする蘇我氏が継体の嫡子欽明を擁立して即位させる一方で、東国の舎人軍を掌握する大伴・物部氏が、継体と尾張氏・目子媛との間の二子・安閑、続いて宣化を即位させ、二朝併存の状況があったとする説です。「辛亥の変」と呼ばれるこうした状況も、見方によっては継体擁立時の、河内と大和に拠る有力氏族間の勢力争いと同じ図式ともいえます。

本稿ではしかし上述の論をとりません。宣化は宮を蘇我氏の下にある東漢氏の本拠である檜隈に置き、次の欽明は宣化の后を皇太后と敬称し、宣化の女・石姫を后に迎え、石姫との子はのちの敏達です。欽明時に依然として大連は大伴・物部です。二朝併存の隙はありません。

継体の陵墓は『記紀』で三嶋の藍野陵、現在の太田茶臼山古墳（大阪府茨木市）に治定されております が、横穴式石室を持つ全長一九〇メートルの今城塚古墳（大阪府高槻市）が真の継体陵として有力視されております。同古墳からは葬送（即位）儀礼の行列を表すような大量の埴輪像が出土しています。

前にも述べたように、安閑は即位前の継体と尾張氏・目子媛の長子です。宮居は勾金橋宮（現奈良橿原市）、仁賢の女・春日山田皇女を后とし、大臣・許勢氏の姉妹と大連・物部氏の女を妃としております。

現在この時期の屯倉の設置が疑われておりますが、屯倉設置の具体的な記述もいくつかあります。『記紀』で安閑在位の二年間に記されるのは、舎人部、靫負部の設定と多くの屯倉の設置記事だけです。その屯倉設置もほとんどが欽明時における転記ではないかという大方の説があるほど、安閑の存在は希薄です。后妃四人に子がなかったとも記します。

一つは即位の年、伊甚（上総夷隅）国造の屯倉献上です。真珠貢献の遅れを叱責されて后・春日山田皇女の寝殿に遁入してしまった伊甚国造・稚子直は、乱入罪の償いに屯倉を献上したとあります。国造系譜をみると伊甚国造は春日部直とあり、この事件後春日部直となったものとみられます。

伊甚国造の領域を規定するのはいま困難ですが、上総一宮川上流の四世紀後葉の能満寺古墳、油殿古墳が五世紀後半の浅間山古墳につながるのか否か、六世紀以後の有力古墳の確認されない現在、伊甚国造の領有地を一宮川流域と限定するには躊躇します。いずれにしても一宮川か、または夷隅川流域を包含するものと思われますので、夷隅川上流域に入る下大多喜古墳（千葉県大多喜町）が注目されます。同古墳からは、五世紀後半の前提銘文鉄剣・埼玉稲荷山古墳出土の鏡と同笵の画文帯神獣鏡が出土しております。同型同笵鏡は全国で計六面出土していて、王権とのつながりが推定されます。本稿は同古墳を伊甚国造に関係する古墳とみます。

他の一説は有名な武蔵国造一族の国造地位をめぐっての屯倉献上です。豪族上毛野氏に助力を求めて国造の地位を奪おうとした同族小杵は、国造笠原直の訴えによって大王の援軍により誅殺されます。さきの埼玉稲荷山古墳被葬者がこの事件に関連するという論文がありますが、たしかに埼玉稲荷山古墳の出土品を見るかぎり、武人としての性格は動かしようもありませんが、屯倉献上事件とは一世紀近い年代の相違があって、本稿では一応疑問符を付しておきます。ただ、小杵を倒したのはやはり大王派遣軍の力であったことは間違いありません。

埼玉古墳群中に前方後円墳・将軍塚古墳があります。稲荷山古墳の少し南です。同古墳は六世紀後半のものとされておりますが、多くの武器武具類に併せて馬冑の出土があります。馬冑は五、六世紀の半島に多く見られるものと言われておりますが、和歌山県大谷古墳出土の馬冑がとくに有名です。半島との関連からみますと将軍塚古墳の馬冑のほかに、埼玉古墳群のすぐ北の、六世紀後葉の行田市酒巻十四号墳出土の蛇行状鉄器があります。国造笠原直の要請で馳せつけた派遣軍は、当時半島で活躍していたような精鋭の騎兵軍だったのではないでしょうか。渡来の軍事集団とみてもよいと思います。
七、八世紀、武蔵には渡来系氏族の名が散見します。半島系の武器武具に身をかためた派遣軍と、献上の武蔵四ヶ所の屯倉経営にあずかった氏族と、さらにこの七、八世紀の氏族とが、ひとつの線でつながるのではないかとも考えられるのです。
事件の当事者、笠原直について、のちに上海上国造の系譜に関連しますので、時代は一世紀ほど後のことになりますが、ここで少し触れておきます。

七世紀、聖徳太子の舎人に武蔵国造・物部直兄麻呂という人物があります。物部直はのち入間宿禰を賜姓されます。『新撰姓氏録』にはアメノホヒの十七世の孫アメノヒコソノコロは入間宿禰の祖とあります。前述したように上海上国造・オシタテケタヒはアメノホヒの子・タケヒラトリの八世の孫とされます。前期古墳を有する房総北半の上・下海上も菊麻も伊甚も、なぜかすべてアメノホヒ系、しかも「直」姓です。これら南関東の地域は血縁を異にする擬制同族的な連合を形成していて、その「直」姓賦与は、五世紀の項で上海上氏族について検討したように、允恭の時代か、その前の反正の時代であったとみて間違いではないと思われます。

安閑の陵墓は河内の古市高屋丘陵（大坂府羽曳野市）、現在白髪山古墳東方の高屋築山古墳に治定されております。安閑のほかその妹と后の合葬であるとされます。

宣化は安閑の同母弟で、宮居は檜隈盧入宮（現奈良県明日香村）、后は仁賢の女・橘仲媛です。『記紀』では那津（筑紫の博多大津）に官家を設置し、非常に備えて各地の屯倉の籾穀をここに集めさせる手配をしたという、安閑と同様簡単な記述がなされています。

五三八年、百済聖明王は都を態津から泗沘に移します。

宣化の宮居である檜隈盧入宮の、檜隈（檜前）の語義は「巌神」「霊神」であるとされ、この地域は東漢氏の本拠地とされています。東漢氏は四世紀後半からの百済系（加耶）渡来氏族です。のち檜隈盧入宮に東漢氏の氏寺・檜隈寺、氏族神・於美阿志神社が建てられました。

なお紀伊国造家によって祀られる日前（ヒノサキ）神宮も、「檜前」に通ずるといわれます。ちなみに、木（紀）氏は百済の八大姓の一つ（前述木劦宿禰など）であるとされます。

さて、この檜隈盧入宮に、上海上から舎人として出仕している人物がおります。「檜前舎人直」というのがその名です。「直」にはもと国名による氏名がありましたが、地域の長として伴造を兼ねると、それを氏の名としたとされます。宣化の宮居の舎人となったことによって、「檜前舎人直」という姓氏となるのです。

ここで記述がまた一、二世紀ほど後代のことになりますが、房総の地の首長氏族の賜姓について、史書や木簡の記録を拾っておきます。

『紀』に称徳天皇天平神護元年（七六五年）正月、正六位上の「檜前舎人直建麻呂」に外従五位下を授けたという記事があります。藤原仲麻呂の乱の論功行賞であるところをみますと、舎人としての功績があったものと思われます。また二年後の神護景雲元年、上総国海上郡の人で檜前舎人直建麻呂に上総宿禰を授け、さらに宝亀六年（七七五）三月の光仁紀に、同一人物を隼人正に任ずる記事があります。

隼人正は宮居親衛の百数十人の隼人親衛集団の司です。継体期以来の檜前舎人直の姓氏で、上海上国造家の人物であることが判明します。また関連する記事としてあげておかなければならないのは、国造氏族が舎人として上番するほかに、内廷へ奉仕する、采女や内侍という国造氏族の女子の貢進があります。『後宮職員令』のなかに「諸の氏は氏別に女貢せよ。皆年卅以下に十三以上を限れ。(略)郡の少領以上の姉妹及び女の形容端正なる者をもちてせよ」云々とあって、和銅八年(七一五年)「上海上内侍」の名が、また天平七年(七三五年)には「上海上采女」が木簡記録に見えます。また和銅七年(七一四年)頃と天平二年(七三〇年)頃の平城京跡出土の木簡に「海上采女」の名もあります。上・下海上いずれであるかという問題も出てきますが、軍防令・兵衛条には「采女貢せむ郡は兵衛貢する例に在らず」とあって、この時期、下海上国造氏族は後述する解文の内容から舎人として出仕していると理解されますので、前記の「海上采女」は上海上国造族という解釈が成り立ちます。前記海上采女記載の木簡が東二坊坊間及び三条二坊宮跡から出土していることから考えると、皇太后宮子に従う海上采女と光明皇后宮に仕える采女と、別に不比等の継室・三千代の側近に侍る内侍という解釈もありますが、はたしてそれぞれ別人か同一人か断定はできません。

それから十数年後のことですが、「申請・海上郡大領司仕奉事」と書かれた正倉院文書の有名な解文があります。「中宮舎人左京七条人従八位下海上国造他田日奉部直神護」とあり、登場する下海上国造は敏達名代部の伴造で、他田日奉部直の姓氏です。同じく正倉院文書の天平二十年（七四八年）解文には、他田日奉部直神護の言として、「わが家は祖父も父も朝廷に仕えて位を授かり、故郷の海上部の大領になっています、自分も資人や中宮舎人として計三十一年勤務したので郡の大領にしてほしい」と建言したと記されております。養老二年から天平元年までの出仕です。しかし参考までに記すと、申請の翌年嫡々相承の原則が確立されたため、神護は郡大領になれず、舎人として終わったようであります。

解文の下海上国造他田日奉部直神護が中宮舎人であったことを証する木簡が、同じ平城京三条二坊で発見された長屋王邸跡の二条大路溝で出土しています。中宮職から兵部省政所宛考文銭請求の木簡に「他田神護」の名が記されていて、この舎人はさきの下海上国造他田日奉部直神護と判断されます。檜前舎人直建麻呂叙位記事との間には三十年の開きがあります。

記述をまた六世紀前葉に戻します。

国造制は六世紀末か後半からとするのがほぼ定説ですが、その制度がすべて一斉に行なわれたとみるのはいかがなものでしょうか。地域首長の出自、あるいは地位の高低によって「直」などのカバネを賜与して王権の政治組織に組み入れたのは、言ってみれば服属と奉仕を前提にしたもので、組織のなかの地位の高低や地域の政治的地位を世襲する権利を与えたのが国造制であろうと思います。ですから自らの地域に他の追従を許さない相当の古墳の築造が可能であったわけで、カバネと国造の両者は密接な関係にあったとみれば、カバネの後に半世紀も一世紀も隔てての国造の賦与はないと思います。おそらく近畿地域でもっとも早くはじまって、順次各地に拡大していったとみます。「直」姓や「使主」姓の賦与の時点からそれほど離れない時期に、国造の任命があったとみればそれほど不都合とは思われません。もっとも房総の地では安房、武射、千葉、印波などの国造設定は遅れております。

国造はやがて国司任命により郡司の長官に任命されます。さきの他田日奉部直も下海上国海上郡の大領でした。従って「上海上国海上郡の人」・檜前舎人直の墳墓を姉崎・椎津地区所在の古墳に同定しても、それほど飛躍した推考でもないと思います。そこで以下、同時期の古墳について検討してみます。

上海上氏族の本拠地である今富、海保を含む姉崎・椎津地区の古墳のうち、六世紀の築造とみられる古墳は本稿「主要古墳の編年」で述べたとおり、原一号墳⑮(全長七〇メートル)、原二号墳⑮(全長五〇メートル)、山王山古墳⑭(全長八五メートル)、鶴窪古墳⑮(五〇メートル)と後二期としてあげた堰頭古墳⑰(全長四五・四メートル)です。鶴窪古墳⑮は六世紀にずれ込むことを否定しません。その他古墳の位置、規模、出土品から山王山古墳⑭が原一号墳⑮に先行するという見方に対しては、出土品の考古学的結論から、原一号墳⑮は六世紀のはじめとし、次いで山王山古墳⑭を六世紀の三〇年代前後として、大きな違いはありません。

原一号墳⑮の出土品については見るべきものはありませんが、山王山古墳⑭の出土品は前に記したとおりの優品です。とくに注目されるのは金銅製冠帽、金・銀装単竜式環頭太刀です。

冠帽についてその出土地、個数を数えてみますと、玄海・有明灘沿岸（六個）、山陰・越の日本海沿岸（五個）、琵琶湖周辺（二個）、瀬戸内沿岸（三個）、東海・東北南部太平洋沿岸（九個）で、内陸部出土を示す地域は大和、上・下毛野、信濃（計五個）の三ヶ所のみで、なぜか海に臨む地域に偏重しております。

金・銀装環頭太刀の出土地（二十七ヶ国）を拾ってみますと、素環頭太刀の出土地（十五ヶ国）と重なるところもありますが、内陸部と沿岸部に区別なく出土しているので、冠帽は特殊な職能、つまりここでは海上交通に携わる氏族、ときには軍事にも関係しているような海部氏族に分与されていたように思えます。

環頭太刀は儀刀でしょう。あわせて出土の胡簶も実用に供するものではなく、環頭太刀と併用する儀式用武具とみます。そして冠帽を海上交通の長の印としますと、舎人職とは直接には関係しませんが、あるいは環頭太刀などとともに併用して示威の役目を負っていたのでありましょうか。

古墳の被葬者が誰であるかは、墓碑でも出ないかぎり分かりません。ただ上海上国造家・檜前舎人直は六世紀前葉の大王の宮居に仕え、以後八世紀上総宿禰に改姓されるまで檜前舎人直であったわけで、安閑の匂金舎人でもなければ、欽明の磯城島金刺舎人でもなかったということだけは確かです。

なお姉崎・椎津地区の古墳が六世紀以後台地上に移ったことで、先行する二子塚④や浅間社古墳

⑤などの沖積地築造古墳の氏族と、台地上の山王山古墳⑭などの氏族は異なる氏族との見方もありますが、さきに論及した五世紀中葉の国造「直」姓などの性格からみて、六世紀の台地上の古墳被葬者は、四世紀後半から台地上に、さらに以後の時代沖積地古墳につながる同一氏族であったと推考されます。

二子塚④以後、「直」の賜姓から古墳規模が縮小することはさきにみました。全長八五メートルの山王山古墳⑭から、鶴窪古墳⑮の全長五〇メートルに縮小します。山王山古墳⑭以後六世紀中葉を過ぎた頃、原古墳群⑮のように再び縮小し、かつ上つ海の見えぬ内陸部に後退して古墳を造営しなければならないような何が上海上の氏族に生じたのでしょうか。

おそらくそれは、舎人としての出仕などの強力な官人化と、勢力範囲の縮小です。とはいえ「直」の権限は、その地域にあっては依然として絶対であり続けます。

宣化の陵墓は『記』に記されません。『紀』では后とその子の合葬、倭身狭桃花鳥坂上陵とし、現在全長一三八メートルの前方後円墳・鳥屋ミサンザイ古墳（奈良県橿原市）に治定されております。接近して華麗な出土品で有名な群集墳・新沢千塚墳があります。

なお王名（諱名）のほかに諡号を献ずるようになったのは安閑以後とされており、宣化に至って定着したとされます。いわゆる和風諡号で、もちろん中国から半島を経てもたらされた儀称ですが、宣化から大幅に用いられるようになりました。

大王が崩ずると殯宮を建てて誄を奏します。日嗣奏上ののち、諡号を奉る儀礼です。さかのぼって允恭、雄略、清寧、武烈について、新たに和風諡号が贈られたでしょう。宣化の名は武小広国押《タケオヒロクニオシ》盾《タテ》です。この頃にはすでに陵墓歴名の記録も存在していたとみます。

欽明は継体と手白香の嫡子、后は宣化の女・石姫、妃は大臣・蘇我稲目の女・堅塩媛とその妹・小姉君、宮居は磯城金刺宮（現奈良県桜井市）とあります。

大連は大伴金村と物部尾輿でしたが、金村は任那失政によって失墜し、代わって蘇我稲目が台頭します。今来の渡来集団を自らの庇護下に置いた稲目は屯倉の経営に渡来系の氏族をあてるなどして王家の財政を握り、それまで大伴氏の管掌下にあった東漢氏系の渡来氏族までも掌握する一方、葛城の一氏族に「直」姓を与えて勢力下にくみ入れ、大和南西部の曽我・葛城川流域の氏族を一大拠点（橿原市・宗我都比古神社所在地）とし、ようやく大王朝内・外廷を左右する実力を持つ存在となります。

半島では百済と新羅が任那争奪をめぐって主導権を得ようと画策、五一四年、百済聖明王は新羅牽制策のように釈迦仏、経論などを倭国に献上、欽明はこれを稲目に拝祀させるなどしておりましたが、同年百済は倭国の兵力を利用しようと五四一年、五四三年、五四五年と任那復興会議を招集します。

この間新羅は平壌、漢江流域に進出して漢城に入ります。一方内紛の収まった高句麗が再び百済に侵入する気配に対し、百済は倭国に援軍を要請、その間に新羅は任那に侵入して百済と交戦、ついに聖明王は討死します。

倭国に逃れてきた聖明王の子・余昌（威徳王）の弟・恵は翌年倭国から武器武具、馬などを与えられて帰国しますが、ついに五六二年、新羅は任那全域を統属してここに任那（加耶）は滅亡、倭国は半島への直接的な拠点を失います。『紀』によるとこの間大伴金村の子・狭手彦を高句麗に、紀男麻呂を任那に派遣しておりますが、大勢に影響を与えるに至りませんでした。以後半島は高句麗、百済、新羅のいわゆる三国時代に入ります。

半島をめぐるこうした対外的な危機に直面した倭国内では、王権を中心として国内の整備充実に力を注ぎます。半島での騒乱と滅亡のなかから倭国に渡ってくる人々が増え、こうした渡来人などからの新知識による生産性の発達向上から、個人的な蓄財が増えて家父長的な家族が台頭し、これらの階層による群集墳が各地に増加するにつれ、地域有力氏族との間の、また地域有力氏族と近畿内有力氏族との間に派生するであろう対立に備えるため、蘇我氏主導による全国的な屯倉の設置、国造制度の補充が実施されます。

五世紀後半に勢力の衰退をきたした吉備に、この時期大和王権勢力を背景とする蘇我氏は、特に美作地域に直、名代、子代を大量に置いて出雲東部への本格的な浸透を図ります。

これを背景に、熊野大社を祭祀していた出雲東部の勢力は西部に進出し、杵築（出雲）大社を祭祀するに至ります。それまで前方後方墳であった出雲に、大型の前方後円墳が出現します。

中枢勢力となった蘇我氏は吉備・出雲への浸透以外にも、百済、新羅、高句麗などからの渡来人を氏姓制にとり入れ、これを列島各地に配して部民制を強化、国造制と併せて官僚体制を整備し、ようやく大和王朝としての輪郭が形成されます。

東国・房総の地もここにきていくつもの国造に分割されます。いま南からこれらに推定される古墳をみてみますと、小規模ながら安房国造（大伴）につながるであろう翁作古墳、須恵国造（日下部使主）につながる九条塚古墳から三条塚古墳、馬来田国造（須恵同属？）につながる金鈴塚古墳、伊甚国造（春日部直）につながるであろう前述した下大多喜古墳から西の台古墳、原古墳群以下の上海上国造（檜前舎人直）、武射国造（丈部臣）の木戸川流域の大堤権現塚古墳、村田川と都川に挟まれた千葉国造（大私部直）の範囲の大覚寺山古墳、印波国造（丈部直）につながるであろう浅間山古墳から、やがて出現する大型方墳の岩屋古墳、下海上国造（他田日奉部直）につながる浅間神社古墳から城山古墳、となります。このほか作田川中流域、栗山川流域、手賀沼周辺の各古墳については、国造とみるよりは六世紀以後の部に属する氏族の展開のあらわれと思われます。

ほとんど房総の地は小国造に分かれますが、北総太平洋沿岸地域と印旛沼周辺の顕著な古墳は六世紀の後半から出現していて、四世紀以来の東京湾沿岸の古墳造営と、時期的に大きな相違があります。そのなかである時代から大王とのつながりの深いとみられる臣姓の武射国造、使主姓の須恵国造については古墳の規模で、また副葬品について、同時代いずれも全総のほかの地域の古墳と隔絶していることが目につきます。

なお房総の国造制定の時期を六世紀末とする説がありますので、ここでこの点について触れておきます。

　さきに述べたように、北総太平洋岸と印旛の地域に顕著な古墳が出現したのは六世紀後半ですが、これを六世紀末として、これと崇峻二年（五八九）、東山道に近江臣満を、東海道に宍入臣鴈を、北陸道に阿部臣を派遣したのを国造任命に関係づけるものとして、関東の国造制度は六世紀のこの時期、とするものです。

　たしかにこれらの地域の古墳規模がほぼ最大となるのは六世紀から七世紀はじめですが、規模が最大となる以前に、六世紀中・後半の時期に前方後円墳の造営がありますので、国造氏族の進出を強いて六世紀末に下げなくともいいのではないかと思います。

　欽明の時代は後期古墳中、規模が最大の時期です。房総の地を含めて全国的な国造制の補完、広域の舎人部の設定、加えて「大和王朝」を形成した大王の墳墓も、またこれに相応します。臣姓の中央氏族につながる氏族を東国に派遣したのも、記されるように東北への軍事的視察もありましょうが、主な目的は国造設定ではなく、新羅遠征のための兵士徴発であったと思われます。『紀』には翌年各氏族の臣や連を副将として、二万の軍勢を筑紫に出兵したとあります。目的はまさにこの動員令の示達にありました。

　任那をめぐる百済、新羅、さらに高句麗との往来が一段と激しくなった五七〇年前後、蘇我稲目が死去します。翌年任那復興を聖徳太子に託して欽明が崩じます。陵墓は檜隈坂合陵、現在全長一三八メートルの梅山古墳（奈良県明日香村）に治定されておりますが、いま全長三一八メートル、後期最大の前方後円墳・見瀬丸山古墳（奈良県橿原市）が真の欽明陵と目されております。のち推古二十年、欽明の女・推古の手で欽明の妃・堅塩媛をここに合葬します。

欽明の第二子、敏達は百済大井宮（現奈良県広陵町）で即位します。宮居はのちに訳語田幸玉宮（現奈良県桜井市）に移します。息長真手王の女・石姫を后としますが、四年後崩ずると欽明の妃であった蘇我氏堅塩媛の女・豊御食炊屋姫（額田部皇女）を迎えました。のちの推古女帝です。大連は物部守屋、大臣は稲目の子・蘇我馬子です。

即位の年に高句麗の使者が来ましたが、従者に暗殺されるという事件がおきました。翌年越の海岸に漂着した再度の高句麗の使者を、今度は吉備海部直難波が殺し、ために難波は処刑されます。

任那復興を目指す敏達は百済から日羅を召還します。日羅は肥国（現熊本県）葦北国造刑部阿利斯登の子で、百済の高官であったと記します。阿利斯登とは、六世紀前葉の継体の時代に来朝した任那王・阿利斯等と同一人物と思われますが、その子は百済の高官になっていたことが知られます。日羅は「宣化の御世にわれらの君大伴金村が帝のため百済に遣わした阿利斯等の子」と言っております。日羅はしかし百済から帯同した部下に殺され、その部下もまた葦北君に殺されています。

崇峻即位の翌年の五八九年、中国では隋が陳朝を滅ぼして、中国を統一します。同年百済から仏舎利・僧・寺院建築の専門家たちが倭国に来て、大王をとりまく仏教信仰が定着します。また前述したように東国への臣姓豪族遣使と大軍の筑紫出兵が記されます。

伯父・馬子による崇峻暗殺という血で血を洗う悲劇のあと、同じ蘇我氏の血をひく豊御食炊屋姫

（額田部皇女）が即位します。欽明と稲目の女・堅塩媛の子、用明の同母妹、敏達の后、すなわち推古女帝です。宮居は六世紀蘇我氏の開発になる飛鳥の地、飛鳥川左岸の豊浦宮（現奈良県明日香村）、のち近くの小墾田宮に移します。もちろん即位も宮の地も馬子の意向でしょう。推古にかわって甥の聖徳太子が政務を行ない、馬子が大臣として補佐します。

聖徳太子は馬子の女・刀自古郎女を娶ります。重畳する血縁は、すでに崇峻同様の運命を予告しております。

推古即位の五九三年、難波で四天王寺建立がはじまります。また法興寺（飛鳥寺）の塔の建設もはじまり、翌年完成すると馬子の子・善徳臣が寺司となってこれを管理します。仏教の興隆は大和王朝の要請でした。そのため半島から多くの技術者、僧侶が渡来し、高句麗の高僧・慧聡や覚哿は聖徳太子の仏教の師とされ、太子に近習することとなります。翌年三宝（仏・法・僧）の詔が発せられます。

五九四年に新羅は隋に遣使しますが、百済と争うようになると、倭は五九七年には新羅に使いを送ります。そして五九八年、隋も高句麗に兵を向けます。

朝鮮半島は戦乱の様相を呈しながら、七世紀を迎えます。

広隆寺の建立がはじまった六〇三年、王朝府は徳・仁・礼・信・義・智の大小十二階の冠位を制定施行し、翌年第一条に「和」からはじまる憲法十七条を発布します。

それまで上宮（奈良桜井市）にあった聖徳太子は六〇五年に斑鳩宮に移って政務を司り、六〇七年、斑鳩宮の西方に太子の私寺・斑鳩寺（法隆寺）を建立、同年小野妹子を中国に遣使して書を呈します。五世紀の雄略以後ほぼ一世紀あまり途絶していた中国との交流ですが、ここで七世紀の倭国を記す『隋書』倭国伝（六世紀末から七世紀中葉の唐・魏徴撰）を見てゆくことにします。

『魏書』『後漢書』『梁書』などを参考にして書かれた『隋書』は時代的に錯交した記事もありますが、これらを除くと『紀』にない倭隋外交の事実も出てきます。このうち『隋書』十八の十三、七世紀初頭からの記述を少し長文ですが、以下に記します。（石原道博氏による）

（前略）開皇二十年（六〇〇年、隋文帝時）倭王姓は阿毎、字は多利思比孤《タリシヒコ》、阿輩雞彌《アメキミ》と号す。使を遣して闕（長安）に詣る。上（文帝）係官に其の風俗を訪ねしむ。使者言うに「倭王は天を以て兄とし日を以て弟となす。天未だ明かざる時出でて政を聴き胡座をかいて坐り、日出ずれば理務を停め、わが弟に委す」と言う。高祖（第一代文帝）曰く、「此れ大いに義理なし」と訓えて之を改めさす。王の妻は雞弥《キミ》と号す。後宮は女六、七百人有り。太子を利（和？）歌弥《ワカミ》多弗利《タヒリ》と為す。城郭無し。内官に十二等あり、一を大徳、次は小徳、次は大仁、次は小仁、次は大義、次は小義、次は大礼、次は小礼、次は大智、次は小智、次は大信、次は小信。員に定数無し。軍尼《クニ》百二十人有り。牧宰のようなり。八十戸に一伊翼（イナキ？）は今の里長の如きものなり。十伊翼は一軍尼に属す。（中略）阿蘇山有り、其の石故無く火を起こし天に接し者俗以て異となし、因って禱祭を行なう。其の色は青く鶏卵大で夜光を放ち魚眼の精と言う。新羅百済倭を以て珍物多き大国と為し、共に之を敬仰し恒に通使往来す。大業三年（隋煬帝、六〇七年）其の王多利思比孤、遣使朝貢の使者曰く、「海西の菩薩、天子が重仏法を興すと聞く。故に遣して朝拝せしめ、兼ねて沙門数十人中国に来たりて仏法を学ぶ」と。其の国書に曰く、「日出ずる処の天子、書を日没する処の天子に致す、つつが無きや」云々。帝（煬帝）之を覧て悦ばず、鴻臚卿を曰いて「蛮夷の書無礼なるもの有り、再び以聞する事なかれ」と。明年（六〇八年）上（煬帝）は文林郎裴清（裴世清）を倭国に使せしむ。百済を渡り竹島に至り行くに南は聃羅国を望み都斯麻（対馬）国を経てはるか大海の中、又東の一支（壱岐）国に至り又竹斯（筑紫）国に至り又東して秦王国（秦氏族居住の地か?）に至る。其の国人は華夏（中国南部）に同じで夷州（台湾）と為すとするが疑わしく明らかにすることあたわず也。又十余国を経て海岸に達す。竹斯国以東皆倭に付庸す。倭王小徳・阿輩台（『紀』の記述からすると難波吉士雄成か?）を遣わし数十人を従え儀仗を設け鼓角を鳴らし来たり迎う。十日後又大礼・哥多毗（『紀』によれば額田部連比羅夫か?）を遣わし二百余騎を従え労を効しすでに都に至り、其の王、清（裴世清）と相見し大いに悦して曰く、「海西に大隋礼儀の国有りと我聞く、故に遣わして朝貢せり。我夷人にして海隅の僻住し礼儀を聞かず、この故に境内に留まり即ちに相見せず。今、ことさらに道を清め館を飾り大使を持つ。願わくば大国維新の化を聞かれんことを」と。清答えて曰く、「皇帝徳は二儀に並び沢流れて四海に流る。王は化を慕うの故を以て行人を遣わし来たり此に宣諭す」と。既にして清を引き館に就かせり。其の後清は人を遣わし其の王に謂うに「朝命は既に達せり、即ち塗を戒めるを請う」と。是に於いて宴享を設け以て清を遣わし、復た使者をして清に随い来たり方物を貢せしむ。此の後遂に絶えり。

以上「此後遂絶」で『隋書』は終わっております。いくつかの点を拾ってみます。まず一つには妹子遣使の前の六〇〇年に、倭王は隋に使を出しております。先に隋に朝貢している新羅との関係が険悪となっているこの時期に、中国統一を果たした隋朝の実情を探る意図があったのではないかと考えます。二つには、大使裴世清の会った倭王はどうやら聖徳太子であったと思われます。「倭王小（ショウ＝セイ＝聖）徳」、「其の王」と言い、中国に稀な女帝の推古でありながら、女帝とは言っておりません。

阿蘇火山についても記しておりまして、それほどの長文でもありませんが、『記紀』にない多くの事実を知り得ます。倭王の姓・号や太子の名まで記載してありますが、これは以前の中国正史同様人名については難解で、当該人物を見究めるに難渋します。いちおう『紀』記載の人名と照合して当該人物を記しておきました。

『紀』に小野妹子を中国では「蘇因高」（小野―小―蘇、因―妹、子―高か）と呼んだとあります。冠位十二階にも触れておりますが、遣使の六〇〇年にはまだ制定をみておりませんので、妹子派遣時の認識と錯交しているようであり、また倭国の制定位と順序が異なっております。

六〇八年の妹子遣使と同じ年に百済からも隋に朝貢しており、翌年の裴世清倭国派遣も『百済本紀』に「我が国の南路を経たり」とあって、あるいは隋朝遣使は百済と共同歩調をとった、というより、百済の先導によるのではないかと思われます。

筑紫から東に華夏に似た秦王国があったとする認識については、当該国を豊前、豊後、吉備などとする多くの論考があって、いまも定かではありません。本稿では前後の記述と秦氏族の居住する地域の多い豊前・豊後に想定しておきます。

このほか七世紀の倭国を見る場合に重要と思われる一、二の問題について、ここで指摘しておかなければなりません。一つは対外的な問題で、煬帝が蛮夷の書、無礼と喜ばなかったという「日出ずる処の天子」と「日没する処の天子」の比較です。のち倭王が「天皇」と呼称する伏線があったか否かではなく、大和王朝が中国冊封体制を拒否する意図が、この書にこもっているということであります。もはや三世紀、五世紀の倭王と違って除正を求めておりません。皇子、諸王、諸臣の「群卿百僚」が冠位を示す錦紫五色の衣冠を着用して裴世清を迎えたのも、国家意識のあらわれでしょう。

二つには国内的な問題です。

『隋書』は冠位記載のあと、八十戸に一伊尼翼、十伊尼翼は一軍尼、軍尼は百二十と記しております。いちおう軍尼をクニ、伊尼翼をイナキを読みましたが、倭国の行政組織がこの時期こうなっていたか、疑問としなければなりません。すでに成務五年紀に「諸国に令して国郡に造長を立て、県主に稲置をおき」とあるのも四世紀全国一律にということではなく、少し遅れて五世紀初頭には、少なくとも近畿内とその外周では国造・県の形態はあったとみます。五世紀中葉の上海上にも、刑部の名代が設定されます。もっとも七世紀初頭といえども八十戸一県、十県一国は実情ではありませんが、一二〇という国造の数は、『国造本紀』のあげる数と大差がありません。もちろん後代の国、郡、里、五十戸を里とする組織はまだありません。

五世紀の允恭二年紀に、忍坂大中姫がまだ后に立つ以前に、通りがかった闘鶏国造が無礼な仕打ちを行ない、后になってから、闘鶏国造の姓を稲置に落したという話があります。この記述が『記紀』編纂時の知識によって書かれたものとしても、すでに七世紀のはじめには、国造の下に稲置という認識が、ある程度一般的に常識化していたのではないかと思います。一国十県、しかも八十戸一里などの厳格な行政組織はまだありませんでしたが、これに近い数の国造、県主もあったでしょうから、こうした漠然とした日常的な認識を、聞かれるままに妹子は話し、それが「八十戸に一伊尼翼、十伊尼翼は一軍尼」という記述になったものと思われます。重要なのは、不確かとはいえ、そうした実態の認識が、すでに列島内に醸成されていたという事実です。

各地の国ごとに屯倉を設置して、ここに官人を配してゆきますが、すでに国、郡、里、五十戸一里とする大化改新まで、あと僅かです。

小野妹子遣使の六〇七年、諸寺の斑鳩寺（法隆寺）、四天王寺、中宮尼寺、椿尼寺、峰岡寺（広隆寺）、池後尼寺、葛城尼寺などが一斉に完成します。

近畿ではすでに六世紀後半から末期に前方後円墳が姿を消し、この時期円墳、方墳が築かれる一方、小型円墳に火葬された遺体が葬られるようになります。ところが関東をみますと、一部には依然として前方後円墳が、しかも規模において近畿をしのぐ様相で築かれておりました。上毛野の上野では全長一〇〇メートルを超える前方後円墳・八幡観音山古墳が、常陸では全長六〇メートルの装飾古墳・虎塚古墳が築かれております。群集墳も畿内より遅れて六世紀末から七世紀のはじめに増加します。

ここで房総の地の古墳について一瞥すると、須恵の小糸川流域では六世紀末の前方後円墳・三条塚古墳以後、七世紀に入ると一辺四五メートルクラスの方墳になります。馬来田国の小櫃川流域では金鈴塚古墳後、上総大寺（木更津市小櫃川右岸）造営期間にあたって小型方墳に移り、武射に入ると思われる成東川流域でも方墳に移ります。印波の印旛沼からわずかに離れた東方丘陵上に、六世紀後半の房総全域に設定された十一ないし十二の国造勢力を統括するような、この時期方墳としては全国最大と言われる一辺四八メートルの岩屋古墳が出現します。

上海上の中心地である姉崎・椎津地区を見ますと、五〇メートルクラスの原古墳群⑮のあと、六世紀末から七世紀はじめとみられる時期に、さらにその規模は小さくなりますが、四五・四メートルの前方後円墳堰頭古墳⑰が築かれ、この傾向は六孫王原古墳⑯（消滅前方後円墳？）まで続きます。前方後円墳がこの時期まで継続されたのは、四世紀以降房総北半に維持していた上海上氏族としての勢威の顕現であろうと思われます。関東北部の豪族・上毛野氏族も七世紀に入ってなお前方後円墳を維持したことと共通します。

さて隋からの答礼使・裴世清の帰国にあたり、再び小野妹子を派遣して、渡来人の子弟を帯同留学させます。『紀』では大使・妹子携行の国書に「東の天皇（スメラミコト）敬みて西の皇帝に曰す」とあります。さきの「日出処天子・日没処天子」と「東天皇・西皇帝」という共通する認識の出処は聖徳太子あたりであろうと思われますが、ここではじめて「天皇」の称号が使われております。六一四年、『隋書』には見えませんが『紀』は遣隋使を記録します。六〇〇年から数えて五回目です。『隋書』に記載がないのは中国の内乱に起因しております。

六一二年、隋煬帝は高句麗討伐を計画して遠征を決行しますが、内乱が続き、国内は内乱とひき続く遠征で疲弊し、ついに煬帝は殺されて滅亡し、李淵が帝位について唐朝を建てます。高句麗は倭に使者を送って隋朝の滅亡を伝えます。

六二〇年、『紀』は「この年聖徳太子島大臣蘇我馬子相議して天皇記および国記、臣連伴造国造百八十部ならびに公民等、そのほか多くの部民・公民らの本記を記録した」と記します。ここでも「天皇」の称号が用いられます。

本稿ではすでに陵墓歴名の記録の存在を六世紀前葉としてきましたが、いわゆる帝王日継・旧辞という王家の系譜は遅くとも四世紀後半には簡単にしろ存在したとみます。大王とその周辺の事蹟、国の成立なども、いつの時代からは分明ではありませんが、同じく六世紀前葉には存在していたとみます。『古事記』撰録が七世紀からとしても、すでに数世紀前から存在が知られていたものを、七世紀前葉に記録を開始したでしょう。『古事記』が推古までを記していることが、これを暗示しております。そうした記録は、おそらく中国の文字を、五世紀の銘文鉄剣などのような用法で、あるいはもっと簡単な固有名詞的な羅列だけで、記していたものと思われます。

三世紀前葉の魏朝との交流時と言わず、二世紀はじめの後漢との接触以来、わが国は密接に文字と関わっておりました。いわゆる万葉仮名の略体歌の成立を七世紀後半とすると、六世紀前葉には、おそらくこれに近い用法があったのではないかと思われます。『古事記』編録にあたって「上古の時、言意並びに朴にして文を敷き句を構ふること、字におきてすなわち難し」と太安麻呂が言う困難であります。この時代以後、本稿は「倭王」を「天皇」と記してゆくことにします。

六二二年、聖徳太子が斑鳩宮で没し、磯長陵（大阪太子町）に葬られます。一辺五四メートルの方墳です。病気平癒、没後法要に天寿国繡帳、夢殿観音菩薩立像、釈迦如来像（いずれも法隆寺現存）などがつくられます。

聖徳太子の没後蘇我馬子の勢威は増大し、姪にあたる推古女帝の葛城県の割譲を要求しますが、容れられませんでした。その馬子も二年後の六二六年に没し、子の蝦夷が大臣を継ぎます。馬子は桃原墓（一辺五四メートルの方墳）に葬られます。聖徳太子の磯長陵と同じ規模で、いま「飛鳥の石舞台古墳」として有名です。さらに二年後、推古女帝が崩じ、子の竹田王の陵墓に葬られましたが、のち磯長大陵（大阪太子町）に改葬したとあります。現在山田高塚古墳に治定されております。

一方、唐では太宗が全土を統一すると、二年後には朝鮮半島三国が相次いで唐に朝貢し、冊封を受けます。

推古帝没後聖徳太子の子・山背大兄王と彦人大兄と糠手姫の子・田村王をめぐって継位問題が紛糾します。蘇我蝦夷を中心とする群臣協議が続き、なかなか決着がつきませんでしたが、ついに蝦夷は山背大兄を推す叔父・境部臣摩理勢を殺して田村王を擁立、決定します。田村王、即位して舒明天皇となります。后は彦人大兄の孫・宝姫、宮居は飛鳥岡本宮（現奈良県明日香村）、のち田中宮（同橿原市）、厩坂宮（同）、百済宮（同広陵町）と移動します。

六三〇年、第一次の遣唐使が出発して翌年入唐を果たし、そのまた翌年答礼使・高表仁とともに帰国しますが、『旧唐書』倭国伝には「王子と礼を争い朝令を宣べずして還る」とあります。『紀』にはこうした不和の記述はありませんが、事実とみえて以後二十年間交渉が途絶えます。新羅の使者が倭からの留学僧を伴って帰国しております。そして前年、百済は王子・豊璋を倭に送ってきております。

東北の蝦夷討伐翌年の六三九年、百済川（蘇我川？）の近くに百済宮の造営が始まり、あわせて横専をきわめる蘇我氏氏寺の飛鳥寺に対抗して百済大寺（のちの大官大寺）の造営も始まります。六四一年、造営なったその百済寺に入った舒明は継位を后の宝姫に、皇太子に子の中大兄皇子を定めて崩じます。大臣蘇我蝦夷・入鹿親子の介入は阻止されたかたちになりました。舒明の陵墓は押坂陵、現在段々塚古墳に治定されております。百済、新羅からの弔礼と、これに対して答礼が派遣され、先帝喪葬のあと、継位の皇極女帝は小墾田宮に移りました。

半島では再び混乱が渦巻きます。皇極即位の年、百済義慈王が新羅に侵入すると新羅は王族の一人、金春秋を高句麗に派遣して救援を求めますが、高句麗では自国内で緊張が続いている時期でした。泉蓋蘇文が高句麗王を殺して傀儡の王を立て、百済と組んで新羅に対抗します。ために新羅は唐に情勢を説いて救援を求めることになります。

皇極は百済大寺と飛鳥板蓋宮の造営に各地の丁を徴発します。いっぽう蘇我蝦夷・入鹿の親子は今来（奈良県御所市）に親子の双墓を築造するにあたり、各地の部民、また聖徳太子一族の部民をも集めて工事に使用したため、太子の女・大娘姫の非難するところとなりました。『紀』には入鹿独断で太子の子・山背大兄王を廃し、馬子の女を母にもつ古人大兄を天皇にしようと企てたとありますが、朝廷内に高句麗・泉蓋蘇文同様の画策があったか否かはともかく、険悪な半島情勢をにらんで、一刻も早く権力の集中を図ろうとする蘇我氏の意図はあったと思います。翌年、蝦夷が入鹿に紫冠を授けて大臣位を譲ったあと、入鹿はついに山背大兄を襲い、大兄の逃れかくれた斑鳩寺に火を放って大兄以下子弟・后妾など上宮（聖徳太子）一族ことごとく滅ぼしてしまいます。徹底的な掃討でした。皇極帝は造営なった板蓋宮に移ります。

入鹿の上宮一族急襲の翌年、中臣鎌子（藤原鎌足）と舒明と、皇極の子・中大兄は蘇我氏暗殺を謀議します。唐の太宗が高句麗討伐を決意、冊封の朝鮮三国の混乱を断ち切るべく高句麗国境に軍を派遣し、六四五年、太宗自身も陣頭指揮をとり高句麗に侵入しますが、その一ヶ月後、朝鮮三国の上表を装った中大兄、中臣らは群臣の居並ぶ板蓋宮で蘇我入鹿を惨殺、近くの法興寺（飛鳥寺）

に入って対岸の甘樫丘居宅の入鹿の父・蝦夷と対峙します。法興寺と甘樫丘は指呼の間、歩いても二十分とかかりません。翌日蝦夷は、六二〇年以来編纂作業の続けられていた帝紀・国記・本記に火を放って自殺しますが、焼かれる寸前の帝記などの史料を船史恵尺が運び出して中大兄に奉ったと『紀』にあります。

二世紀後半の倭国大乱以後、いやそれ以前から、倭国内の騒乱も政争も、つねに大陸と連動していると前から屢々述べましたが、冊封の如何を問わず、「帯方の東南大海の中」（『三国志』）にある倭国といえども、国家興亡の暗雲渦巻く極東情勢のうちにありました。翌日皇極は退位して弟の軽皇子に譲位し、はじめて年号をたてて「大化」とします。軽皇子は即位して孝徳天皇、舒明の女・間人皇女を后とし、中大兄は皇太子、中臣鎌子は内臣となり、中大兄の側近に留学僧・旻、高向玄理を起用します。そして出家して吉野に退いていた古人大兄は謀叛ありと妃・子とともに殺されます。孝徳は宮を飛鳥から難波の長柄豊崎宮に移します。

同年八月、東国八ヶ国に国司を派遣して国造らの支配地の実態調査を行ない、戸籍の制定や校田の調査、武器の収納を命じ、また僧侶・寺院の統制、父系を原則とする良賤の区別を立ててこれを実施させます。国司とはのちの律令制の国司ではなく、中央からの国使の意で、以後六五三年までに長・次官以下数名が中央と地方を往復します。そして各地の実態調査を参考にしたと思われますが、翌大化二年（六四六年）正月、改新の詔を発します。「大化の改新」と言われておりますが、内容は実際正確には分かっておりません。それまでの国造による支配体制を再編し、権力の集中を最大の目的としたことは確かです。戸籍、計調、班田収授、男身之調・田之調・戸別之調などの賦役の制で新しく税制を実施し、国造域を国・評・里に分解し、房総の地は下総・上総の二国とし、上総国は十五評（郡）、内訳は安房丘陵地以南に四郡、太平洋沿岸に五郡、上総丘陵地に六郡が設置されました。はじめ国司は近畿のみで、ほかはさきに述べたような国使的な官人で、皇極紀大化二年の「今後国司・郡司は心して努めよ」とある国司・郡司は近畿内国司、域外郡司の意味が強いと思います。試みに以後あらわれるものをあげてみると、大宝律令完成の白雉元年（六五〇年）長門国司草壁連、天智元年（六六二年）尾張国司少子部連、伊勢国司三宅連と、天武二年（六七三年）備後国司、対馬国司忍海連、同五年（六七六年）下野国司、美濃国司、持統五年（六九一年）伊予国司田中朝臣、持統六年相模国司布勢臣、伊勢国司、越前国司、文武四年（七〇〇年）上総国司などとあります。

こうした傾向をみると、中央と地方を往復する国使的な国司から、次第に各地に充足されて律令の制定をみたというのが、おそらく実情であろうと思います。ここにあげた上総国司は、人名の記載がありません。安房郡の大小領に父子兄弟の任用を申請したと記されていますが、律令以前に「安房郡」の郡名があったのか疑われます。郡司に国造氏族を登用して、それまでの国造支配に依存しながらの「改新」の制定であったことに間違いはないでしょうが、国造支配の希薄な僻地では、実際には官人の登用も行なわれていたことを窺わせます。

国の下に評（郡）・里を置き、五十戸を里とし、百戸ごとに馬を、五十戸ごとに朝廷内の雑事に従事する仕丁一人を出仕させるようにしました。采女の出仕もあらためて定められました。長駆京までの道程は自弁です。また身分によって古墳造営を規制する薄墓葬送の制度（薄葬令）を定め、品部を廃止するとともに、それまでの臣・連・伴造・国造の職も廃止して、大化三年（六四七年）、新しい位階制を敷きました。はじめ七色十三階位を同五年十九階、八省百官としましたが、のち天智四年（六六五年）には二十六階となります。少し煩雑ですが大化五年の冠位・位階を記しておくと、大・小「織」、大・小「繡」、大・小「紫」、「大花」上・下、「小花」上・下、「大山」上・下、「小山」上・下、「大乙」上・下、「小乙」上・下、「立身」の、以上十九位階です。

こうした急速な各種制度の変革に抵抗するかのように、皇太子・中大兄の宮が焼かれる事件が起きましたが、五、六世紀のような叛乱はついに起きませんでした。地域内の新しい階層の力を抑えようとする国造氏族は、大和朝廷、というより大きな勢力に依存するかたちで、つまり「大化の改新」に協力することで、域内の新階層勢力に対抗しようとしたのでしょうか。その国造はしかし自らの地域を縮小されて評（郡）司に任命され、官職制度のなかでその存在を示すにとどまるという、氏族存続のきびしい選択を強いられるわけです。

一二〇メートルクラスの地域最大の古墳を築造したかつての豪族・上海上氏族は、もはや氏族勢威の源泉であった「上つ海」を見ることのない台地奥に後退して墳墓を置き、四〇メートルクラスの前方後方墳・六孫王原古墳を築いたあと、一族の小円墳に囲まれて重葬のすがたを呈します。薄葬令や火葬などの儀礼の変化もありましょうが、階位という身分制度のなかで重葬される運命にありました。

大化の改新後、六六三年の朝鮮半島白村江における倭軍の大敗から六七二年の壬申の乱を経て、六八九年浄御原令、ついで七〇一年に大宝律令が成立します。和銅元年（七〇八）、上総国司に上毛野安麻呂が任命され、国府が市原郡内に開設され、評が郡（大・中・小）に改称されました。上総国・十五郡のうち、かつて上海上国造氏族の中心地であった姉崎・椎津地域には、八郷であったとされる海上郡が設置されます。中郡か、おそらく小郡ですが、上総国内では最大の在地勢力でした。

上総国衙の位置はいま正確には分かっておりませんが、一、二度移動したという説もあります。いずれにしても国分寺・国分尼寺からさほど離れない市原郡内とみられております。また海上郡衙の位置は遺構や瓦片などの出土品から、現市原市宮原・今富廃寺跡付近と推定されております。

七一二年『古事記』が撰上され、翌年『風土記』編纂を命じられます。七一五年には国・郡・里から国・郡・郷・里へとかわり、七一七年に養老律令、さらにその翌年上総国から安房国が分離され、三年後の七二〇年、三十巻、系図一巻を含めた『日本書紀』がここに完成します。

上海上国檜前舎人直（上総宿禰建麻呂）の八世紀の階位についてはさきに記しました。おそらく下海上国造同様、府にあっては貴族の最下位の位置にうずもれ、郡にあっては郡司の職掌であったと思われます。ただし国造郡司の権力は、過小評価するわけにはゆきません。実情に疎い国司に代わって、実権を維持していたでしょう。檜前舎人直家の海上郡司も、国分寺台地付近から出土する墨書土器類などからみて、律令時代、国府国衙・国分（尼）寺などの国政関与に主導的な影響力を行使していたことが窺えます。しかしすでに七世紀後半以後、上海上の地には古墳造営は絶えて久しく、官人となって律令制下の郡司となって八世紀後半の「上総宿禰」賜姓、隼人正任命以後、諸文書・木簡等の記録のなかに上海上氏族の名を見ることは、ついにありません。

三世紀後葉の段階からはじまった古墳時代はこうして完全に終息を迎え、歴史の大きな流れは房総の雄族・上海上氏族をもその中にのみ込んでゆきました。

あとがき

半世紀以上も前になりますが、少年の頃に軍隊に入り、戦争に敗れ帰ってきてから偶然『出雲国造神賀詞』を読み、私にとっては敗戦と同じくらいの激しい衝撃をうけました。

戦争の終末期、同じ少年であった仲間の多くが、『神賀詞』奏上に記すこころとさしてたがわないこころで、国と大君の悠久を念じながら、空駆けて死んでゆきました。

『神賀詞』から一千年も経っているというのに、「この国はいったいなんだろうか」という怒りやおそれにも似た問いが、長いあいだ続きました。

その問いかけの答えを出すためにも、この国の成り立ちから辿る気持ちになり、さいわい郷里にある大小の古墳を拾い歩いて、まずはわが郷里を古代史の流れのなかに置いてみようと、勉強をはじめました。

勉強のあとのノートを年代順に並べるような作業のあとに本書ができて、数十年前の問いかけは解決したわけではありませんが、いま稿を擱くにあたって、ようやくひと区切りした思いを感じながら、言いようのないもどかしさも感じます。

それは歴史に対する問いかけとは別の、仲間たちの無念さに答えを出してやれなかったのではないか、というもどかしさです。

歴史について考えれば考えるほど、「国は土と血から成っている」という言葉が、戦いで死んでいった多くの仲間たちの声によって私に迫ってくるからでしょうか。

巻末の古墳の位置一覧表は、あるいは他の各種資料と相違しているところもあろうかと思いますが、本稿に記述するように、ひとつひとつ歩いて拾ったものであります。生まれ育った郷里だというのに、思わぬ拾いものをしたような古墳もありました。

また末尾に勉強のあとの参考文献を掲げましたが、浅学、理解のとどかぬ多くの点があったことをお詫びして、あわせて諸賢各位のご教示を願うものであります。

平成二十二年八月吉日

古川　庄次

千葉県市原市旧姉崎町地域の古墳一覧表

番号	名称	所在地	形態・基数	備考
一	瓶塚	今津朝山茶の木	円墳 一	残存
二	山新（群）	姉ケ埼新田	方墳？ 一、円墳一	残存
三	姉崎新田（群）	姉ケ埼新田	円墳 二	残存
四	二子塚	姉ケ埼ニタ子	前方後円墳 一	有り
五	浅間社	姉ケ埼養老町	前方後円墳 一	消滅
六	妙経寺	姉ケ埼養老町	前方後円墳 一	消滅
七	瓢簞塚	姉ケ埼浜町	前方後円墳？ 一	消滅
八	川崎	姉ケ埼川崎	円墳？ 一	消滅
九	棗塚	姉ケ埼台	円墳？ 一	消滅
一〇	天神山	姉ケ埼台	前方後円墳 一	有り
一一	宝蔵寺	姉ケ埼台	円墳？ 一	消滅
一二	御社（群）	姉ケ埼宮山	円墳 三	有り
一三	釈迦山	姉ケ埼山王山	前方後円墳 一	有り
一四	山王山	姉ケ埼宮山	前方後円墳 一	消滅

一五	原（群）	姉ケ埼原	前方後円墳　三	一基残存
一六	六孫王原（群）	姉ケ埼六孫王原	前方後円墳一、円墳五	消　滅
一七	堰頭（群）	姉ケ埼台	前方後円墳　一	有　り
一八	木戸窪	姉ケ埼台	円墳？　一	消　滅
一九	徳部台	姉ケ埼台	方墳？　一	消　滅
二〇	迎田（群）	迎田大宮	前方後円墳？　一、円墳五	五基残存
二一	房ノ久保（群）	畑木房ノ久保	円墳　四	二基残存
二二	白谷（群）	迎田白谷	方墳一、円墳二	一基残存
二三	古屋敷	不入斗古屋敷	円墳　一	有　り
二四	東元居原	不入斗東元居原	円墳　一	消　滅
二五	不入斗	不入斗曽別当上	円墳　一	消　滅
二六	光明台	片又木光明台	円墳　一	残　存
二七	上椎木（群）	不入斗上椎木	円墳　一	有　り
二八	椎津浜	椎津仲町	円墳？　一	消　滅
二九	御陵塚	椎津南町	円墳？　一	消　滅
三〇	稲荷山	椎津茶の木	円墳？　一	有　り
三一	爺神	椎津辺田	円墳　一	消　滅

三二	婆神	椎津辺田	円墳 一	消滅
三三	島原	椎津島原	円墳 一	消滅
三四	外郭	椎津外郭	前方後円墳 一	有り
三五	根の上	椎津根の上	円墳 一	残存
三六	坊窪（群）	椎津坊窪	円墳 一	消滅
三七	上中台	椎津上中台	円墳 一	消滅
三八	松山	椎津松山	円墳 一	消滅
三九	椎津台	椎津向原	円墳？ 一	消滅
四〇	松上台	椎津松上台	円墳 一	有り
四一	志々通（群）	椎津志々原松上	円墳 八	消滅
四二	日の宮（群）	椎津日の宮	円墳 二	残存
四三	山の神（群）	椎津新田	円墳 二	残存
四四	茶畑（群）	椎津茶畑	円墳 一	消滅
四五	中林	椎津中林	円墳 一	消滅
四六	永藤（群）	椎津道作不入斗上台	円墳 十	六基残存
四七	山谷	椎津山谷	円墳 一	残存

千葉県市原市
旧姉崎町地域の古墳所在地

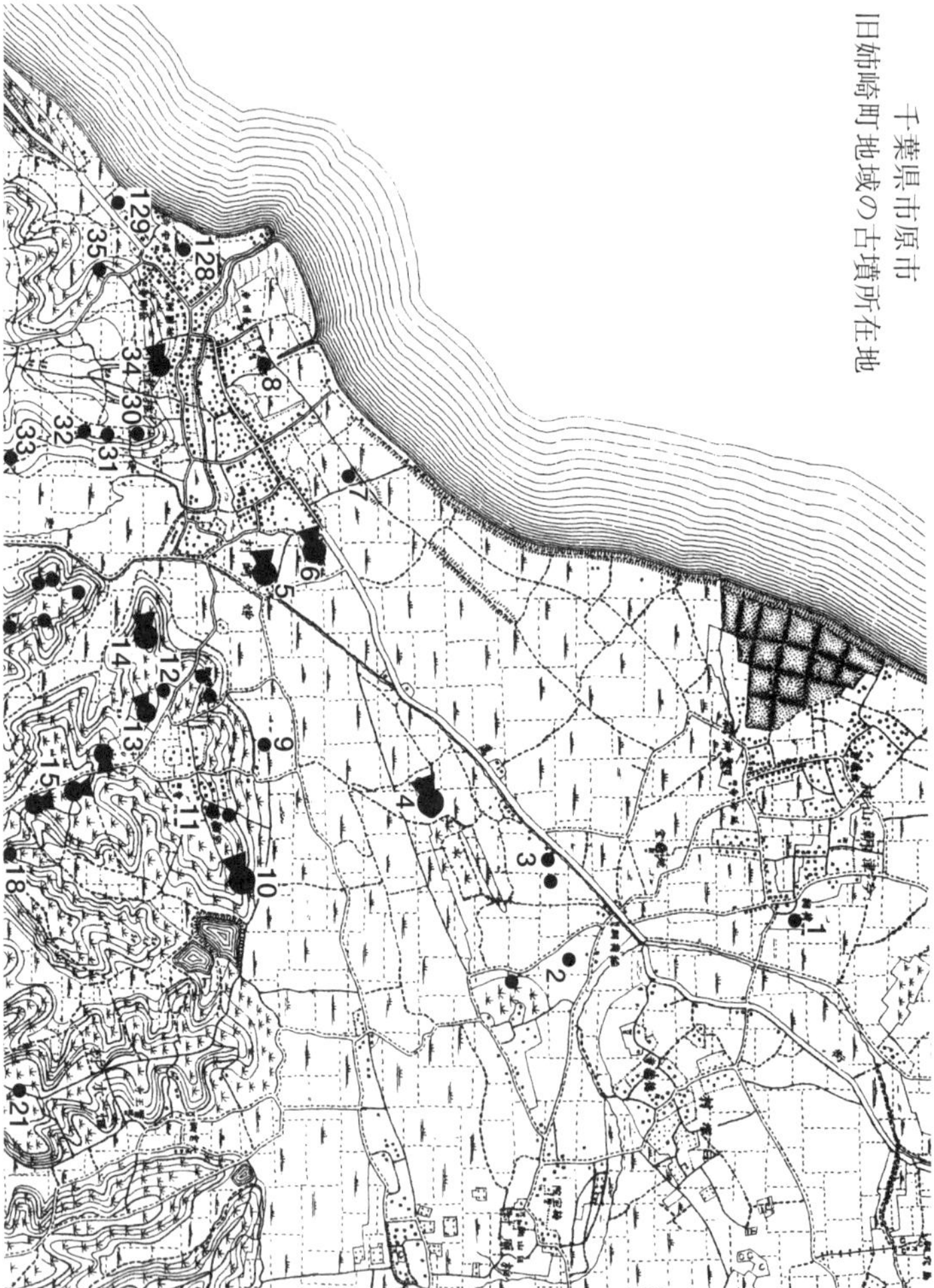

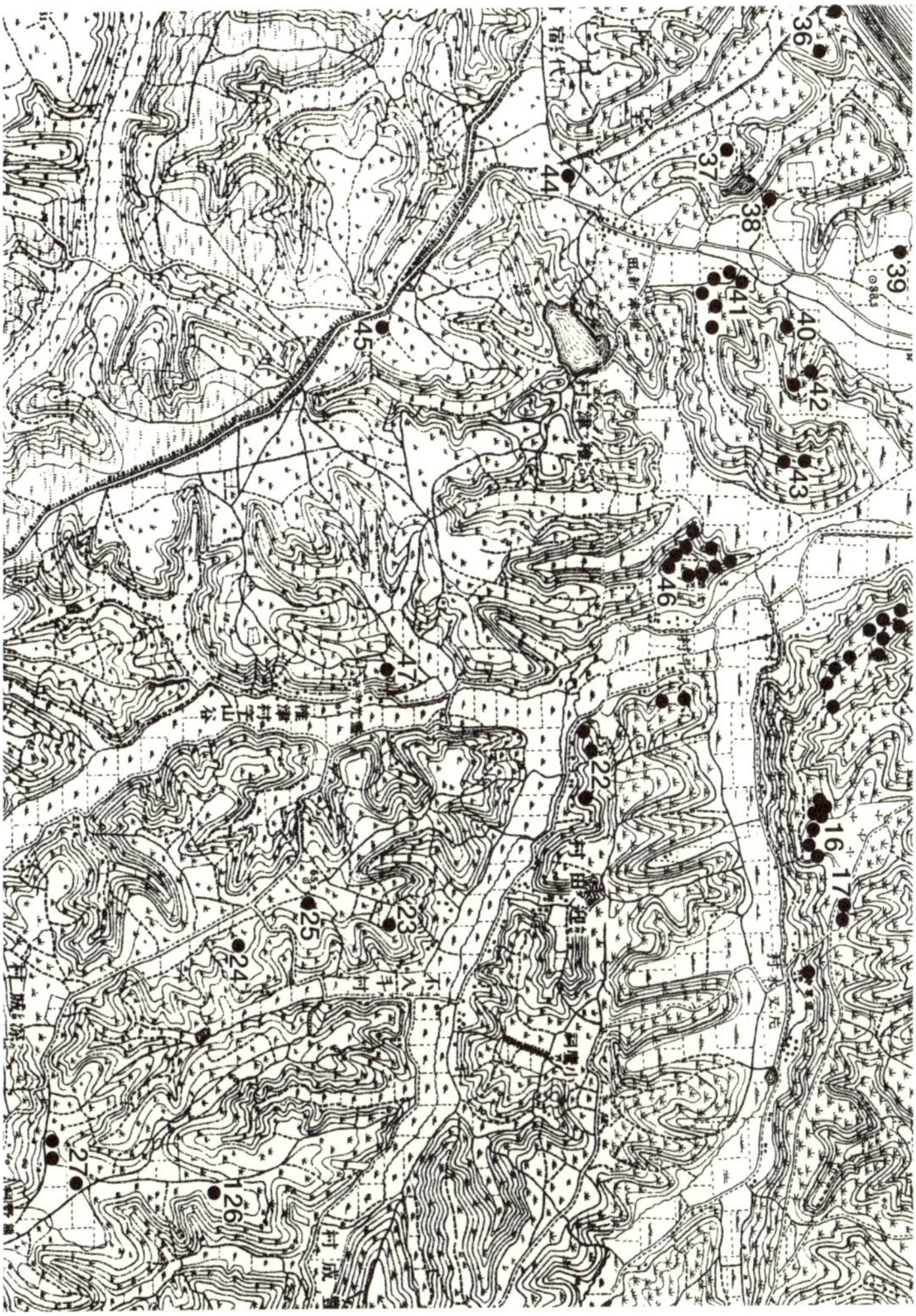
36
37
38
39
40
41
42
43
44
45
46
47
22
16
17
23
24
25
27
126

参考文献（順不同）

『市原市史』資料集 古代編　市原市教育委員会
『市原郡史』　千秋社
『市原市の歴史と文化財』　市原市教育委員会
『市原市埋蔵文化財分布地図』　市原市教育委員会
『市原市姉崎宮前小田部向原遺跡発掘調査報告書』　市原市文化財センター
『市原市茶の木遺跡』　市原市文化財センター
『市原市毛尻遺跡の現地説明』　千葉県教育委員会
『毛尻遺跡発掘調査報告書』　毛尻遺跡調査会
『市原市田辺遺跡の調査』　市原市教育委員会
『姉ケ埼台遺跡発掘調査報告書』　千葉県教育委員会
『姉崎東原遺跡B地点』　市原市文化財センター
『姉崎原遺跡の発掘調査とその成果』　市原市教育委員会
『原一号墳発掘調査概報』　市原市教育委員会
『原遺跡』　原遺跡調査会
『南大広遺跡と海保古墳群』　市原市教育委員会
滝口宏『上総国分寺』　早稲田大学出版部
小沢治郎左衛門『上総国町村史』　名著出版
大塚初重『上総能満寺古墳発掘調査報告書』　崙書房
立石泰三『上総と国府』　市原市教育委員会
『上総市原古墳群の調査』　臨川書店
滝口宏『上総金鈴塚古墳』　市原市教育委員会
山王山発掘調査団『上総・山王山古墳』　市原市教育委員会
『小田部古墳の調査』　市原市文化財センター
『片又木遺跡』　市原市文化財センター
『江古田金環塚古墳』　吉川弘文館
市原市文化財センター『「王賜」銘鉄剣概報』
『王賜鉄剣』　市原市文化財センター
上総国分寺台遺跡調査会『東間部多古墳群』　早稲田大学出版部
上総国分寺台遺跡調査会『南向原』　早稲田大学出版部
『天神台・諏訪台遺跡調査概報』　市原市教育委員会

古墳時代研究会『古墳時代研究（六孫王原古墳調査）』 文明堂
千葉県教育委員会『千葉県の文化財』 第一法規出版
『千葉県地名変遷総覧』 千葉県立中央図書館
『千葉県史』上・下 千秋社
『千葉県の歴史』 千葉県教育委員会
『千葉県埋蔵文化財分布地図』 千葉県教育委員会
『千葉市史』十五号 千葉歴史学会
川名登編『郷土千葉の歴史』 ぎょうせい
千葉県教育委員会『千葉市荒久遺跡』 正文社
千葉市教育委員会『千葉上の台遺跡』 朝日堂
高村隆「室町期における上総真野郡富益郷の村落構成について」（『千葉県の歴史』九号）
中村憲次『房総古墳論攷』 故中村憲次著作刊行会
『小見川町埋蔵文化財分布地図』 小見川町教育委員会
『祝埼古墳群遺跡発掘調査報告書』 君津郡市文化財センター
『三の分目大塚山古墳発掘調査報告書』 小見川町教育委員会
『城山第一号前方後円墳』 小見川町教育委員会
東国古代文化研究所『下総片野古墳群』 芝山はにわ博物館
『芝山町史』通史編 上 芝山町史編集委員会
『竜角寺古墳群一〇一号古墳発掘調査報告書』 千葉県教育委員会
『成田市の古墳群』第一号 成田市教育委員会
清宮秀堅『下総国旧事考』 吉川弘文館
『山武町史』通史編 山武町史編纂委員会
『内裏塚古墳発掘調査概報』 富津市教育委員会
『史跡 弁天山古墳』 富津市教育委員会
『甦える金鈴塚』 金鈴塚遺物保存会
『袖ケ浦町文化財分布調査報告書』 袖ケ浦町教育委員会
『茨城県史料』考古資料編 茨城県史編纂原始古代史部会
斉藤忠・大和久震平『那須国造碑・侍塚古墳の研究』 吉川弘文館
『神奈川県史』一 神奈川県
長島喜平『関東の万葉歌集』 新人物往来社
菱沼勇・梅田義彦『房総の古社』 有峰書店
山村栄三郎『万葉の道』 東京学芸館
『奈良県史』三 名著出版
千葉歴史学会『古代国家と東国社会』 高科書店
遠藤元成『関東古代社会』 名著出版
片山良二『関東の方形周溝墓』 同成社
川崎市民ミュージアム『古代東国と木簡』

雄山閣出版
森田悌『古代東国と大和政権』 新人物往来社
米田祐介『古代東国と地方豪族』 教育社
高崎市教育委員会『古代東国と東アジア』 河出書房
金井塚良一『古代東国の原像』 新人物往来社
永岡治『古代東国物語』 角川書店
甲斐丘陵考古学研究会『古代甲斐国の謎』 新人物往来社
志田淳一『古代の地方史 坂東編』 中央公論社
門脇禎二『古代日本の「地域王国」と「ヤマト王国」』 学生社
米多雄介『古代国家と地方豪族』 教育社
原島礼二『古代の王者と国造』 教育社
藤田富士夫『古代の日本海文化』 中公新書
水野祐『古代日本の国家形成』 講談社
朝日新聞社編『古代史を語る』 朝日選書
日本考古学協会編『北日本の考古学』 吉川弘文館
古墳時代研究会『古墳時代研究』（六孫王原古墳調査） 文明堂
『シンポジューム古代東国と大和政権』 新人物往来社
右島和夫『東国古墳時代の研究』 学生社
大塚初重編『東国の古墳』 雄山閣
小笠原長和『東国の社会と文化』 梓川出版
谷川健一『日本の神々 関東編』 白水社
松前健『日本の神々』 中央公論社
森浩一『韓国の前方後円墳』 社会思想社
金元龍『韓国の考古学』 講談社
森浩一『韓国の古代遺跡』一・二 中央公論社
『朝鮮史年表』 雄山閣出版
徐声勲『朝鮮の考古学』 講談社
司馬遼太郎・上田正昭・金達寿『日本の朝鮮文化』 中央公論社
新野直吉『研究史 国造』 吉川弘文館
笠井倭人『研究史 倭の五王』 吉川弘文館
前之園亮一『研究史 古代の姓』 吉川弘文館
武光誠『研究史 部民制』 吉川弘文館
佐伯有清『研究史 邪馬台国』 吉川弘文館
佐伯有清『研究史 戦後の邪馬台国』 吉川弘文館
森田悌『研究史 王朝国家』 吉川弘文館
大谷光男『研究史 金印』 吉川弘文館
野村忠雄『研究史 大化の改新』 吉川弘文館
門脇禎二『飛鳥』 日本放送出版協会
門脇禎二『出雲の古代史』 日本放送出版協会
高橋徹『出雲の鉄剣』 朝日新聞社
佐原真・春成秀爾『出雲の銅鐸』 NHKブックス
滝音能『出雲世界と古代の山陰』 名著出版

荒木敏夫『ヤマト王権と交流の諸相』　名著出版
梅村喬『伊勢湾と古代の東海』　名著出版
小林昌次『越と古代の北陸』　名著出版
李家正文『遺物が語る古代史』　木耳社
藤間正大『埋もれた金印』　岩波書店
大林太良『ウジとイエ』　中央公論社
田中俊明『大加耶連盟と「任那」』　吉川弘文館
上田正昭他『高句麗と日本古代文化』　講談社
西嶋定正他『空白の四世紀とヤマト王権』　角川書店
森浩一『考古学と古代日本』　中央公論社
国分直一『海上の道』　大和書房
『季刊考古学』51・52・65・68　雄山閣
国立歴史民族博物館編『考古資料と歴史学』　吉川弘文館
森浩一『考古学へのまなざし』　大巧社
上田正昭『帰化人』　中央公論社
武田祐造訳注『古事記』　角川書店
倉野憲司校注『古事記』　岩波書店
『古事記の証明』　毎日新聞社
倉野武日『古事記・祝詞』　岩波書店
井上光貞訳『日本書紀』　中央公論社
坂本太郎他校注『日本書紀』　岩波書店
直木孝次郎他訳『続日本紀』　平凡社
石原道博編訳『魏志倭人伝　他三編』　平凡社
水野祐『訳釈・魏志倭人伝』　雄山閣
森浩一『古代日本と古墳儀礼』　講談社
鳥越憲三郎『古代朝鮮と倭族』　中央公論社
『古代史を語る』　朝日新聞社
白石太一郎『古代を考える』　吉川弘文館
岡崎文雄『魏晉南北朝通史』　平凡社
『古代の日本』四・五・六・七・八　角川書店
松前建・白川静他『古代日本人の信仰と祭祀』　大和書房
赤松啓介『古代聚落の形成と発展過程』　明石書房
司馬遼太郎・上田正昭・金達寿『古代日本と朝鮮』　中央公論社
矢沢高太郎『古代は甦える』　社会思想社
『古代人・海から見た古代日本』　河出書房
笹山晴生『古代国家と軍隊』　中央公論社
宮崎市定『古代大和朝廷』　筑摩書房
松本清張他『国家成立の謎』　平凡社
石野博信『古墳時代史』　雄山閣
茂木雅博『墳丘よりみた出現期古墳の研究』　雄山閣
末永雅雄『古墳』　学生社
小林行雄『古墳の話』　岩波書店
石野博信他『古墳発生前後の古代日本』　大和書房

小林三郎『古墳と地方王権』　新人物往来社
渋谷興平『古墳時代墓制研究』　日本東アジア文化財交流会
石野博信他『古墳時代の研究』　雄山閣
森浩一『古墳の発掘』　中央公論社
岩崎卓也『古墳の時代』　教育社
近藤義郎『古墳時代』　河出書房新社
茂木雅博『古墳時代寿墓の研究』　雄山閣
田中良之『古墳時代親族構造の研究』　柏書房
斉藤忠『古墳文化と壁画』　雄山閣
白石太一郎『古墳と倭政権』　文春新書
岩崎卓『古墳の時代』　教育社
河上邦彦『後・終末期古墳の研究』　雄山閣
村上良重『国家神道』　岩波書店
近藤義郎他編『吉備の考古学』　福武書店
江上波夫『騎馬民族国家』　中央公論社
鳥越憲三郎『神々と天皇の間』　朝日新聞社
上山春平『神々の体系』　中央公論社
金達寿他『加耶から倭国へ』　竹書房
原島礼二他『巨大古墳と倭の五王』　青木書店
安本美典『神武東遷』　中央公論社
近藤義郎『前方後円墳の時代』　岩波書店
上田宏範『前方後円墳』　学生社
井上英雄訳注『三国史記』　平凡社
小川環樹他『三国志』　岩波書店
王仲殊『三角縁神獣鏡』　学生社
近藤一『三角縁神獣鏡』　東京大学出版会
武光誠『三角縁神獣鏡の死角』　講談社
原口大六『卑弥呼の鏡』　六興出版
千葉琢穂『神社祭神辞典』　展望社
下中弥三郎編『神道大辞典』　臨川書店
近藤義郎『前方後円墳と弥生墳丘墓』　青木書店
石川卓『前方後円墳築造の研究』　六興出版
茂木雅博『前方後円墳』　雄山閣
石野博信編『全国古墳編年集成』　雄山閣
近藤義郎編『前方後円墳集成』　山川出版社
近藤義郎『前方後円墳の成立』　岩波書店
小沢一雅『前方後円墳の数理』　岩波書店
和田英松『官職要解』　講談社
太田亮編『姓氏家系大辞典』　角川書店
村山正雄編『七支刀銘文図録』　吉川弘文館
森浩一『瀬戸内海の海人文化』　小学館
北国新聞編集局『縄文からのメッセージ』　社会思想社
石井則孝他『縄文貝塚の謎』　新人物往来社
『東アジアの古代文化』36号　大和書房
笠原英章『天皇と官僚』　PHP新書
村上良重『天皇の祭祀』　岩波書店

上山春平『天皇制の深層』　朝日新聞社
鳥越憲三郎『天皇家の起源』　朝日新聞社
『歴史読本　渡来人はなにをもたらしたか』　新人物往来社
柳田敏司他『鉄剣を出した国』　学生社
東京国立博物館『国宝・銀象嵌銘太刀』　吉川弘文館
石子道博編訳『中国正史　日本伝一』　岩波書店
井上満郎『渡来人』　リブロポート
貝塚茂樹『史記』　中公新書
鈴木俊編『中国史』　山川出版社
貝塚茂樹他編『中国の歴史』　講談社
『中国歴代職官辞典』　国書刊行会
『図説・発掘が語る日本史』関東甲信越編　新人物往来社
東京大学史料編纂所編『読史備要』　講談社
井上光貞他編『鉄剣の謎と古代日本』　新潮社
上田正昭『日本神話』　岩波書店
井上清『日本の歴史』　岩波書店
井上光貞『日本古代の王権と祭祀』　東大出版会
吉野裕子『日本古代呪術』　大和書房
早川庄八『日本古代の文書と典籍』　吉川弘文館
佐藤信『日本古代の宮都と木簡』　吉川弘文館
『日本の古代遺跡』兵庫南部　保育社
『日本の古代遺跡』兵庫北部　保育社
『日本の古代遺跡』和歌山　保育社
井上光貞『日本国家の起源』　岩波書店
原田大六『日本国家の起原』　三一書房
山尾幸久『日本国家の形成』　岩波書店
『日本霊異記』　新潮社
山田宗睦『日本の神話』　保育社
中村太一『日本の古代道路を探す』　平凡社
近藤義郎他編『日本の考古学』四・五　河出書房新社
司馬遼太郎・上田正昭・金達寿『日本の渡来文化』　中央公論社
山尾幸久『日本古代王権形成論』　岩波書店
大塚初重編『日本の古墳』　有斐閣
段熙麟『日本に残る古代朝鮮』関東編　創元社
鈴木尚『日本人の骨』　岩波書店
『日本歴史』①古墳文化の形成　岩波書店
『日本の歴史』②古墳時代　小学館
『日本の歴史』②王権誕生　講談社
『日本考古学』⑤古墳時代における筑紫　岩波書店
小林行雄『日本考古学概論』　東京創元社
近藤義郎『日本考古学研究序説』　岩波書店
湊正雄・井上正二『日本列島』　岩波書店
網野善彦『日本社会の歴史』　岩波新書

斉藤忠『日本考古学史』　吉川弘文館
前沢輝政『日本古代国家成立の研究』国書刊行会
金達寿『日本古代史と朝鮮』　講談社
水野祐『日本人の歴史』　講談社
樋口隆康『日本人はどこから来たか』　講談社
『日本古代史と遺跡の謎』　自由国民社
大和岩雄『日本にあった朝鮮王国』　白水社
和歌森太郎『日本史の巷説と実話』　講談社
直木孝次郎『日本神話と古代国家』　河出書房新社
吉田茂樹編『日本歴史地名辞典』　新人物往来社
『日本古代遺跡辞典』　吉川弘文館
『日本史総覧』一・二　新人物往来社
『日本古墳大辞典』　東京堂
『日本古代氏族人名辞典』　吉川弘文館
『日本地名大辞典』　日本図書センター
宮本徳太郎『日本の歴史』一・二　中央公論社
『日本考古学』二・四・五　岩波書店
直木孝次郎『日本古代国家の成立』　社会思想社
阿部武彦『日本古代氏族祭祀』　吉川弘文館
大林太良『日本神話の構造』　弘文館
石母田正『日本の古代国家』　岩波書店
吉野裕子『増補・日本古代呪術』　大和書房
金日成総合大学編『五世紀の高句麗文化』　雄山閣
石川栄吉他編『文化人類学事典』　弘文堂
『風土記』(日本文学大系)　岩波書店
坪井清足監『発掘が語る日本史』二　新人物往来社
奈良県立橿原考古学研究所『下池山古墳・中山大塚古墳調査概報』　学生社
奈良県立橿原考古学研究所『島の山古墳調査概報』　学生社
奈良県立橿原考古学研究所『黒塚古墳』　学生社
『南アジアの古代文化』55・56・61号　大和書房
石井昌国・佐々木稔『古代刀と鉄の科学』　雄山閣
中村浩『和泉陶邑窯の研究』　柏書房
東野浩之『木簡が語る日本の古代』　岩波書店
猪熊兼勝編『見瀬丸山古墳と天皇陵』　雄山閣
奈良国立文化財研究所『長屋王邸宅と木簡』　吉川弘文館
大庭脩『木簡』　大修館書店
金子裕之『木簡は語る』　講談社
今泉隆雄『古代木簡の研究』　吉川弘文館
『高句麗・広開土王碑拓本』　東京国立博物館
『万葉集』(新日本古典文学大系)　岩波書店
藤間正大『倭の五王』　岩波書店
岡田美弘『倭国』　中央公論社
上田正昭『倭国の世界』　講談社
森浩一『倭人伝の世界』　徳間書店

『私たちの文化財』六・十・十一　市原市文化財センター
森浩一『甦える古代への道』　徳間書店
『邪馬台国』　朝日新聞社
『邪馬台国と安満宮山古墳』　高槻市教育委員会
『季刊・邪馬台国』53号　梓書房
橋本増吉『邪馬台国論考』　平凡社
松本清『吉野ケ里と邪馬台国』　NHK出版
大林太良『邪馬台国』　中央公論社
上田正昭『大和朝廷』　講談社
武光誠『邪馬台国辞典』　同成社
岡田美弘『倭国の時代』　文藝春秋
『考古学を知る辞典』　東京堂出版
磯貝正義『郡司及び采女制度の研究』　吉川弘文館
平川南『よみがえる古代文書』　岩波新書
平林章仁『七世紀の古代史』　白水社
安本美典『謎の邪馬台国』　講談社
上田正昭『出雲』　吉川弘文館
大和岩雄『新邪馬台国論』　大和書房
寺沢薫『王権誕生』　講談社

古川 庄次（ふるかわ　しょうじ）
1927年千葉県市原市生まれ。
1943年軍歴に入り、45年敗戦により帰郷。
84年退職以来、郷土史関連の研究に入る。

房総《ぼうそう》の古代《こだい》・上海上《かみつうなかみ》氏族《しぞく》

二〇一〇年九月十日初版第一刷印刷
二〇一〇年九月二十日初版第一刷発行

著　者　古川庄次
発行者　佐藤今朝夫
発行所　株式会社国書刊行会
東京都板橋区志村一－一三－一五　〒一七四－〇〇五六
電話〇三－五九七〇－七四二一
ファクシミリ〇三－五九七〇－七四二七
URL：http://www.kokusho.co.jp
E-mail：info@kokusho.co.jp
印刷所　株式会社シナノ パブリッシング プレス
製本所　株式会社ブックアート
ISBN978-4-336-05254-4